LA VENGANZA DE TAMAR

TIRSO DE MOLINA

LA VENGANZA DE TAMAR

A. K. G. PATERSON

*Lecturer in the Department of Spanish,
Queen Mary College, University of London*

CAMBRIDGE

AT THE UNIVERSITY PRESS

1969

Published by the Syndics of the Cambridge University Press
Bentley House, 200 Euston Road, London N.W.1
American Branch: 32 East 57th Street, New York, N.Y.10022

© Cambridge University Press 1969

Library of Congress Catalogue Card Number: 69–10572
Standard Book Number: 521 07205 0

Printed in Great Britain
at the University Printing House, Cambridge
(Brooke Crutchley, University Printer)

CONTENTS

PREFACE

Students of Spanish seventeenth-century drama are usually ac-
quainted at an early stage with *El burlador de Sevilla* and *El condenado por desconfiado*, two plays by Tirso de Molina that are rightly
given an important place in his own theatre and in the *comedia* as a
whole. This edition of *La venganza de Tamar* offers a further example
from Tirso's considerable dramatic output. The text, for long con-
fined to inaccessible and often inaccurate volumes of complete works,
has been based on the *Parte tercera* of 1634, and where this has proved
at fault three other sources have been consulted and put to use. The
Notes elucidate constructions and references that could be expected
to cause difficulty. I hope to have given a reliable text and some help to
those students who wish to explore beyond the familiar ground of
Tirso's two masterpieces and discover something of the thoughtful,
imaginative theatre that lies there. In the Introduction I virtually
omit mention of *El burlador de Sevilla* and *El condenado por desconfiado*,
since both have their due share of attention elsewhere; my aim has
been to situate *La venganza de Tamar* within the recurring themes of
Tirso's work, to suggest other plays that could profitably be read
and to trace out lines of thought worth pursuing within this play
itself.

For his advice and tactful correction I am especially indebted to
Professor E. M. Wilson.

A.K.G.P.

INTRODUCTION

LIFE OF FRAY GABRIEL TÉLLEZ

Bibliographical approaches to seventeenth-century authors are out of fashion, and rightly so. These writers wrote objectively and did not expect us to see an individual behind the pen, anxious to assert a bold personality. It is, therefore, no real loss that we have only the flimsiest knowledge of the life of the dramatist Gabriel Téllez, better known by the pseudonym that he adopted in later years, Tirso de Molina. He was born in Madrid, but exhaustive research into the city's archives has failed to discover any details of parentage. The year of his birth was probably 1580, or 1581.[1] We know nothing at all about his youth. In 1600, he had begun his noviciate in the Order of Mercy, an order founded to help forward the ransom of Christian captives abroad. His early education and profession were completed at Guadalajara. Thereafter, the few documented facts suggest a life of travel. We find him at Toledo for a while prior to his departure in 1616 for Santo Domingo on an official visit. He returned from the New World two years later, revisited Toledo for a spell, and moved on to Madrid round about 1621. At that time, the new administration of Philip IV, under the control of the Conde-Duque de Olivares, was pursuing various reforms. It was at a meeting of a major reform committee held in March, 1625, that Tirso's activities came up for censure. The Junta discussed the scandal which a Mercedarian friar, Maestro Téllez, otherwise known as Tirso, was

[1] This is a matter of dispute. Doña Blanca de los Ríos affirmed that he was born in 1583 or 1584, arguing from an entry in a collective passport issued in 1616; he was stated there to be thirty-three years old. She also claimed to have discovered Tirso's baptismal certificate, but this is no longer entertained seriously; her rather idiosyncratic theory that Tirso was the bastard son of a noble family is also generally dismissed. For the first document see Doña Blanca de los Ríos, *Tirso de Molina. Obras dramáticas completas* (Madrid, 1946), vol. I, p. 85 a. Another document drawn up by the Holy Office in 1638 and witnessed by Tirso himself states his age as fifty-seven. On the basis of this, G. Guastavino argues convincingly that he was born in 1580, or 1581. See 'Notas tirsianas', *Revista de Archivos, Bibliotecas y Museos*, vol. LXIX (1961), p. 818.

causing by his profane plays and the evil example that they set; after due consultation with His Majesty, he should be sent to a remote house of his order and placed under greater excommunication should he continue to write plays or other forms of profane verse.[1] In all probability, the decision was never put into force, but it had, I think, far-reaching consequences; 1625 was a turning-point in the career that Tirso had made for himself as a dramatist.

Almost a year before the Junta's deliberation, Tirso had gone to press for the first time, publishing in Madrid the miscellany of short stories, poems and plays known as *Cigarrales de Toledo*.[2] In the prologue to this work, one catches his enthusiasm for a new venture; a sequel is in preparation, and he has sent to the printers twelve plays, 'primera parte de muchas que quieren ver mundo entre trescientas que en catorce anos han divertido melancolías y honestado ociosidades'. But no such *parte* of plays exists. In 1627 twelve plays were published in Seville, but in a scrappily presented volume suggesting literary piracy. Seville was far enough from Madrid for its printers to defy the restrictions which I think were imposed upon the lost first volume. Ten years separate the *Cigarrales* from the legitimate and carefully executed texts of his plays. Meanwhile, about 1625, Tirso's activity as a dramatist seems to have fallen off; he withdrew steadily from the theatre and applied himself to a more orthodox religious career. At a provincial chapter held at Guadalajara in 1626, he was promoted to prior ('comendador' in the Order's pseudo-military terminology) of the friary at Trujillo, a post that he held until 1629. After a putative period in Toledo, he concluded in 1631 a collection of pious short stories, *autos* and devotional poetry entitled

---

[1] 'Tratóse del escándalo que causa un fraile mercedario, que se llama el Maestro Téllez, por otro nombre Tirso, con comedias que hace profanas y de malos incentivos y ejemplos. Y por ser caso notorio se acordó que se consulte a Su Majestad de que el Confesor diga al Nuncio le eche de aquí a uno de los monasterios más remotos de su religión y le imponga excomunión mayor *latae sententiae* para que no haga comedias ni otro género de versos profanos. Y esto se haga luego.' (Quoted by E. Cotarelo, *Comedias de Tirso de Molina*, Madrid, 1906, tomo I, p. xlii.)

[2] A licence to publish was issued in 1621, but the volume did not appear until 1624. For details, see my article, 'Tirso de Molina: two bibliographical studies', *H.R.* vol. xxxv (1967), pp. 43–68.

Deleitar aprovechando.[1] The subject matter and tone of this book point to a sober and chastened author, who emphatically denounces the theatre as inadequate to deal with his solemn subjects. He tells us in the prologue that he had begun to think in terms of the theatre, but considering the impiety of the audience, the ostentation of stage scenery and the temptation of unholy exaggeration to which playwrights yield, he turned instead to prose narrative. A novel will endure, he adds, whereas a play quickly fades from the public's memory. The note of disillusionment over the theatre is strong. Two new posts in the Order of Mercy came his way in 1632. His literary talents were employed in the post of official chronicler, an appointment which must have absorbed much of his time until two sturdy autograph volumes of Mercedarian history were completed in 1639. His administrative experience won him the job of *definidor* (governing member) for the province of Castile. Clearly, Fray Gabriel had deserted the world of the players and the stage.

But before his life fell into the obscurity of a routine religious career, Tirso undertook an incalculably important task; with the help of a nephew, he redeemed from oblivion some at least of the plays which had once brought him fame and had them published. Four volumes, containing about fifty *comedias*, appeared in rapid succession between 1634 and 1636. Golden Age plays can raise mountains of textual difficulties, and Tirso's are no exception; it seems that behind the printed texts there was a labour of correction and revision unusual for the period. This is a problem that we touch when we consider the text of *La venganza de Tamar* presented here. After these major publications, Tirso's biography remains virtually silent. In 1645, he was appointed to the priorate of the Soria friary; from there, he made a final move to Almazán, where he died in 1648.

An apt judgement on Tirso's life was made by the scholar critic Menéndez y Pelayo: 'Vida, como se ve, modesta y ejemplar, sencilla y sin peripecias...Fue un gran poeta y un excelente religioso; a

---

[1] The earliest *aprobación* is dated May 1632, but publication did not take place until 1635.

estas dos líneas puede reducirse su epitafio.'[1] What we miss, perhaps, is the gossip which splashes across the biographies of his other great contemporaries. He kept the world at bay as effectively in his own life as he controls the wayward world of passion in his plays. This is not to say that Tirso was emotionally short of reach. His plays have a tough sense of character and situation, that a cloistered poet could scarcely have recreated; even in his pious *comedias de santos* his holy men win through to saintliness after weathering the storms of lesser ambitions and passions. The lack of biographical excitement by no means implies a life of inactivity; on the contrary, the scattered details gathered from friary records and chapter minutes suggest a life spent on the move. If Tirso had immured himself from the world, neither his piety nor his wit could have sustained his mastery of the seventeenth-century *comedia*.

THE THEATRE OF TIRSO DE MOLINA

By 1605, Tirso had become known as a dramatist; a contemporary historian of his Order mentions 'the most renowned poet Fray Gabriel Téllez' among those Mercedarians who were celebrated then by the general public.[2] Five years later, he was noted as one of the principal authors writing for the *corrales*, as the Spanish theatres were then called.[3] During a long and prolific career, he successfully maintained the reputation won in early manhood. Generous compliments were paid to him in later years by two eminent playwrights. Pérez de Montalbán, addressing Tirso as 'Maestro por su gran talento en las sagradas letras, y Apolo, por su buen gusto, de las curiosas Musas', urged him in 1635 to make more of his plays available to the reading public, 'en gracia de la lengua castellana, en honra de Madrid su patria, en gusto de los bien intencionados, y en pesadumbre de los maldicientes'.[4] That same year, a younger dramatist

---

[1] M. Menéndez y Pelayo, *Estudios de crítica literaria*, vol. II (Madrid, 1912), p. 171.

[2] Fr. Bernardo de Vargas, *Chronici sacri et militaris ordinis B. Mariae de Mercede* (Palermo, 1622), p. 440.

[3] Andrés de Claramonte, *Letanía moral* (Sevilla, 1613), approved 1610, in the 'Inquiridión de ingenios convocados'.

[4] In Montalbán's *aprobación* to the fourth volume of Tirso's plays (Madrid, 1635).

who was to prove master of the Spanish *comedia*, Calderón de la Barca, quietly acknowledged the skills and insights that he had noted in a senior writer, 'que con tantas muestras de ciencia, virtud y religión ha dado que aprender a los que más deseamos imitarle'.[1] Calderón's generous words permit a valuable glimpse of how a man with a real gift for theatre turned in his apprenticeship to another who had gained experience in an exacting and relatively new form of drama. We can add a further note. The seventeenth-century theatre in Spain avoided separating its audiences into those with a taste for learned plays and those with less cultivated minds; there is little hint of a division such as the one created in the contemporary English theatre. We can only assume that, through the years, audiences were trained in the ways of serious entertainment. Calderón's own taxing style and intellectual rigour would have been unthinkable if writers such as Tirso had not won over their public, initiating them into an advanced form of drama. One can conveniently look upon Tirso's theatre as a bridge that spans the early efforts of the *comedia* and its full development in the hands of Calderón.

No dramatist in Spain at this period can be situated without reference to the *comedia*'s presiding genius, Lope de Vega. Tirso himself acknowledges Lope as his mentor. In *La fingida Arcadia*, a countess with an insatiable appetite for books appears on stage surrounded by a library of Lope's works; 'If the Queen of Sheba went to see Solomon,' she tells her maid, 'then I would go to Spain to see Lope!' In the *Cigarrales de Toledo*, Tirso writes a rousing defence of the new style of drama introduced by Lope. For his part, Lope refrained from returning the compliment. True, he dedicated a lone play to Tirso, but his praise merely complies with dedicatory rhetoric. Lope, always a sensitive professional, probably recognised an able rival, and duly tempered his attitude.

Tirso could scarcely have disowned Lope's influence; the latter had devised and explored the very form of drama he inherited—the *comedia*, or, to use the more prestigious title, the *arte nuevo*. The art

[1] In Calderón's *aprobación* to the fifth volume of Tirso's plays (Madrid, 1636).

was new because it had broken free from the precepts on dramatic form and content which academic theorists had tried to formulate in the later sixteenth century. Inspired by a Renaissance reverence for Latin and Greek culture, these preceptists had sought to control the art of drama by recommending that authors observe certain principles extracted from Classical theory and practice. The dramatist should never confuse the Tragic and Comic kinds; his play should respect the famous unities of Time, Place and Action. Lope broke decisively with these doctrines; mingling the kinds and ignoring the unities of Time and Place, he brought flexibility to the stage-play. More than this, the *arte nuevo* absorbed the wide range of popular and traditional material; it likewise digested the erudite poetry and cultured sentiments of the Spanish Renaissance. In short, Lope applied a powerful, unifying imagination to Spain's past and present traditions and created a new theatre, one that was supple yet highly organised, that had immense appeal yet could enjoy depth of thought and experience. The *comedia* and its inventor were swept along on a flood of almost universal popularity. This was the theatre to which Tirso turned his own talents.

In one of Tirso's liveliest plays, *El vergonzoso en palacio*, Serafina offers this enthusiastic appraisal of the *comedia*:

> ¿Qué fiesta o juego se halla,
> que no le ofrezcan los versos?
> En la comedia los ojos
> ¿no se deleitan y ven
> mil cosas que hacen que estén
> olvidados tus enojos?
> La música ¿no recrea
> el oído, y el discreto
> no gusta allí del conceto
> y la traza que desea?

The *comedia*, she continues, entertains every man according to his needs; there is laughter for the merry, sorrow for the sad, counsel for the foolish, violence for the bold, wisdom for the prudent; even, should you wish, Moors, tournaments, bulls. Serafina does not,

however, confuse universal appeal with triviality; the stage offers a
likeness of life and enlightenment to those who seek it:

> De la vida es un traslado,
> sustento de los discretos,
> dama del entendimiento,
> de los sentidos banquete,
> de los gustos ramillete,
> esfera del pensamiento,
> olvido de los agravios,
> manjar de diversos precios,
> que mata de hambre a los necios
> y satisface a los sabios.[1]

As described here, the *comedia* is not associated with any particular
group; all may be accommodated according to their lights and
prejudices, moods and illusions. Yet, of course, to see a play well is to
live wisely, so Serafina closes her description with a brief challenge:

> Mira lo que quieres ser
> de aquestos dos bandos.

No modern student can hope to recapture the expectations and
reactions of the men and women who went to see a Tirso play. One
suspects that a dramatist laid great store by the interaction between
his play and its audience; the stage was intimate and the style of
writing 'reaches out' to an audience. We can, at least, try to imagine
the society which attended performances in the *corrales*. Tirso's plays
were not written for itinerant players in Spain's farflung provinces;
nor for wealthy patrons who could afford a private theatre. They
are associated rather with the permanent play-houses constructed in
capital centres, and with Madrid in particular. By the time that Tirso
began to write, Spain's capital had acquired a cosmopolitan atmosphere. The Habsburg court had settled there, and round it a distinc-
tive society was emerging. Indeed, contemporaries as often as not
refer to Madrid simply as the 'Corte'. In these surroundings, fashions
were not set by academic groups with a bookish concept of drama,

[1] Ed. Américo Castro (Clásicos castellanos, vol. 2, Madrid, 1963, Act II, 749–82). *El
vergonzoso en palacio* was an early play.

nor by players of primitive farce. A new order had arisen, awake to the real-life drama of personalities enacted in a powerful, though still compact, capital city. Theatre had to equip itself to meet the variety of demands and temperaments which a town-dwelling audience brought through its doors. In many of Tirso's plays, an urban atmosphere prevails; the Corte's churches, streets and squares, nobles, worthies and rogues are picked out with a sharp eye. Such a play is *La celosa de sí misma*, where one character sums up his opinion of the city:

> Haz cuenta que es una tienda
> de toda mercadería.

This background is an essential part of Tirso's theatre; he is master at catching the devious passions that city families and courtly characters pursue in a stylised stage-existence. Behind his sense of fantasy, audiences must have sensed a deal of themselves and their own manners. What is more, the 'tienda de toda mercadería' was an ideal inspiration for the Human Comedy that the dramatist drew steadily out of life into drama.

Satire had played a long-standing role in comedy; according to sixteenth-century preceptists, comedy should aim at unmasking the vices and follies of the times. Tirso took full advantage of this satirical licence. Few plays lack invective against contemporary objects of ridicule: young fops with costly wardrobes, old dames who try to trick age with cosmetics, wits who massacre their mother tongue in a search for subtlety, or, more seriously, those who debase the money of the realm by clipping its coins. From play to play, the senseless and absurd create an impressive gallery. Such pointed satire must have been the joy and embarrassment of city audiences. Yet satire plays only a small part in Tirso's theatre; rather it reinforces a deeper theme that runs right through his plays: the opposition between artificial or inadequate habits of mind, and real integrity.

Like any dramatist of any age Tirso had to find the theatrical terms in which to express his theme. Theatre is bound in countless ways to conventions; some may be formal and academic, others constitute unwritten rules of good drama. A sensitive dramatist grasps these requirements and turns them to his own use; he will project his own vision through forms and topics shared and accepted by his public. Tirso frequently employs, for example, the well-established literary division of society into the Country and the Court. This formal device is rich in comic traffic, and it also allows the dramatist, with a minimum of fuss, to contrast effectively ways of thought and conduct, attitudes and values; in the chronicle play *Antona García*, a country heroine's good-will and intuitive sense of justice contrast with false notions of power and privilege maintained by courtly intriguers.[1] The theatrical topic that Tirso persistently employs and turns to best effect is that of love. His manipulation of the topic brings about a pervasive sense that love, pursuing its intentions through elaborate rhetorical schemes and involved stratagems, makes fools of men. As love imposes its laws of the moment on a situation, order dissolves and confusion reigns. A ducal household in *El vergonzoso en palacio* is invaded by a lowly outsider, a timid (*vergonzoso*) country youth whose naive intrigue brings a precarious family rule into the throes of misrule. The licence of the comic poet allows him to soothe trouble away for a happy ending. Here is Tirso at his most frivolous. Yet under the extravagant literary surface we see the unreality of the passions that move the characters. As a malicious comment on man and his obedience to fickle love and family esteem, the play is sharp and far from fanciful. *Marta la piadosa*, a city comedy, tells the story of a successful and uproarious deception, but, as love prepares its predictable triumph, a world bent on honouring appearances and its petty values is unmercifully revealed—the presentation of fading gentility, shallow affections, mock religiosity, an *indiano's* confused illusions about money, love and piety, all spring from acute, detached observation.

Apart from the fact that the stage finds the topic of love amenable, exploiting the misunderstandings that accompany passion in the

---

[1] Antona García, a peasant girl from Toro, passes through a series of escapades in the Guerra de la Beltraneja between the Catholic Monarchs and the pretender Juana. She helps overthrow the rebel masters of Toro. Her devotion to the cause of Fernando and Isabel is climaxed in their victory and the pardon of their enemies. There is a modern edition by M. Wilson (Manchester University Press, 1957).

comic and tragic theatre, the idea was still strong in the seventeenth century that man shapes his life by following an ideal, an end to which he devotes his will. By pursuing our affections we find an identity. A book such as *Don Quijote* is deeply related to this idea of man's freedom to find a self through love. If Quijote had not fallen passionately in love with chivalry, he would have remained a nondescript village eccentric, a man without a self. Throughout the poetry of sixteenth-century Spain, the freedom to be creative with life through the affections is a fundamental notion; we find it in the mystic poet as much as in his secular counterpart. Tirso's theatre lives within this tradition; his typical character strives to alter himself by bending his own will, and that of others, to a chosen law. And what law can the theatre better dramatise and an audience more willingly accept than that of Cupid? Love provided the dramatist with an eminently workable topic through which he could explore and demonstrate human conduct in the best theatrical ways. In *El vergonzoso en palacio*, for example, the artfully organised conflicts between different desires reveal a comic disorderliness in life, a vision of misdirected affections. No one would claim that the play is other than comedy, for the ideals pursued by its characters are pinned down to triviality; it allows us to laugh at a way of life. Others provoke a more serious reaction; still inviting us into a fanciful world of love, they offer a graver apprehension of how man orders himself and others, and of the laws he chooses to do so.

El melancólico is a fine example of such a play. Its plot is slight and fantastic: Rogerio, a country youth, is suddenly taken to the Court and transformed into its ruler. There he is not shown tackling onerous duties of state; instead, the plot gathers round his attempts to have his country girl accepted in his new surroundings. The obstacles placed in the way of his love bring about the grief that gives the play its title. Every move is presided over by Tirso's sharp sense of the absurd; he deals outrageously with men of dignity, reducing them to bewildered spectators of a fairy-tale romance. Yet the mixture of literary extravagance and satirical malice is superimposed upon a theme of more durable worth; Tirso seems to invite us to see in the love-motif a statement about charity. His central character not only discovers love, but the demands of love. He is brought to a sense of humility towards his rivals and to renounce what a mundane world esteems. Rogerio acts out a dramatic parable of Saint Paul's 'man of charity', whose love, seeking not its own, is not ambitious. Yet the parable is wedded firmly to a comic presentation of life, as if Tirso's aim was to surprise us laughing at humility and renunciation, the demands of true charity; our laughter teaches the hardest lesson in an exemplary theme. In Tirso, we should always be on the alert for the serious issues behind theatrical fantasy. A dramatist who consistently draws upon love as his topic courts a certain danger; we may surrender to the magic of romance in preference to its reality. Happy endings or the sudden discovery of noble blood in humble characters can indulge daydreams. In *El melancólico*, the dramatist diverts this kind of indulgence; his hero's love is made to bend to the stiffest of virtue's laws. *El melancólico*, in fact, touches upon a recurring theme in Tirso's theatre; the opposition between charity and worldly power is deeply characteristic of the dramatist's thought; it is a major issue in *La venganza de Tamar*.

Serious drama is usually sensitive to its age's thinking on man's place in our world and in society. Sixteenth and seventeenth-century political theorists in Spain consistently share the view that the society of men, bound by its laws and institutions, offers a means of moral fulfilment; a Christian people's laws have, ultimately, a Godly sanction. A gulf may separate these academic theorists from a theatre audience, but playwrights themselves seem always to envisage individual action within a greater order—social, moral or divine. In several plays Tirso gives magnificent scope to the theme of order and the individual conscience. As his characters bring themselves into contact with laws of conduct that are hallowed or immutable, so these plays strike a more penetrating note, and, simultaneously, his most compelling characterisations emerge. *El burlador de Sevilla* needs the briefest mention; don Juan, the lover caught up in treacherous passion, enters into the mystery of divine justice. Moving against the background of death and punishment, he gains in dramatic stature. Less familiar plays attempt similar themes. In *La república al revés*, the Greek Emperor Constantine forsakes his newly wed wife for her lady-in-waiting. As the bonds of personal integrity are snapped, gradually Greece itself is drawn into its ruler's passionate anarchy. Here, Tirso gives a social context to the drama of error; when the greatest authority is corrupt, the best of laws are tainted; a nation falls victim to chaos. Tirso's popular historical pageant, *La prudencia en la mujer*, provides the idea of prudence with a social framework; a queen's struggle to maintain her sense of political virtue shapes the community she directs.[1] Plays such as these move in two directions. On the one hand they must have brought their audiences to look critically at the motives and events that directed their own community. On the other hand, Tirso is using Kings, Queens and History as theatrical conventions; through larger-than-life individuals and situations, we perceive ourselves and our own conflicts, the drama of the individual conscience in relation to the laws of God and society.

Much of the wisdom in Tirso's theatre concerns aspects of life that a modern reader may find unfamiliar. Yet Tirso's work still awakes respect. His fundamental concept of love shaping man for good or evil is not of academic interest; it has credibility and value. The barrier between the seventeenth-century dramatist and ourselves is further reduced by his sheer craftsmanship. His fluency would be wrongly attributed to facile dexterity; he had an understanding of the job that theatre has to perform, a rare ability to draw an audience into the problem at issue. In *La venganza de Tamar*, Tirso's impeccable dramatic tact transforms the provocative source material into a work of profound and disturbing significance.

[1] The word 'prudence' would have had a more specific sense than we attribute to it today; prudence was one of the cardinal virtues, the coordination of the other virtues in practical action. The play's sense of passing time and historical fulfilment should be seen in terms of a virtue that learns from the past and calculates with regard to the future. For a study of the historical background, see R. L. Kennedy, '*La prudencia en la mujer* and the Ambient that Brought it Forth', *P.M.L.A.* vol. LXIII (1948).

'LA VENGANZA DE TAMAR'

Tirso's plot material for *La venganza de Tamar* came from Old
Testament Scripture; his source was 2 Samuel xiii, although minor
details came from the first-century Jewish historian, Flavius Josephus.[1] The Bible story is succinct and poignant: Amnon, the eldest
son of King David, falls in love with his beautiful half-sister Tamar;
feigning illness, he entices her into his house and rapes her; he is later
put to death at a banquet by his half-brother Absalom. In the very
economy of the narrative a tense atmosphere of passion, revenge and
disaster is suggested. Accounts of this unnatural love found their
way into the Spanish *romancero*; the tale has a haunting sense of
tragedy that is well adapted to the mood of Spanish balladry. Lorca's
version in the *Romancero gitano*, redolent with anticipation, sudden
violence and grief, belongs to a numerous family.[2] We also find
preachers in the sixteenth and seventeenth centuries who used the
story as an admonishment to women against the perils of intimacy;
or they would relate the family tragedy to the cumulative punishment that David suffered for the murder of Uriah and seduction of
Bathsheba.[3] Whether or not Tirso knew any of the ballad versions,
he approached his play more as a poet than as a preacher. Characters
and situations are liberated from the crudeness of a simple moral
lesson. By restraining the action, through a frequent use of song and
slow-moving lyric passages, Tirso exploits the violence in the story
for real dramatic effect; it breaks upon the stage only after the tension
in a situation has been carefully rehearsed. Characters emerge con-

---

[1] Tirso would have known 2 Samuel as the second book of Kings; in the Vulgate text
Samuel and Kings together make up the *Quattuor Libri Regum*. This point has some
relevance in later discussion. For references to Josephus, see below, Notes on I, 174;
II, 381; III, 13.

[2] Other ballad accounts can be consulted in *Romancero de la Montaña*, collected by J. M.
de Cossío and T. M. Solana (Santander, 1933), vol. I, pp. 27–31; in Paciencia
Ontañón de Lope, 'Veintisiete romances del siglo XVI', *Nueva revista de filología
hispánica*, vol. XV (Mexico, 1961), p. 187; in Durán's *Romancero general*, B.A.E.
vol. X (Madrid, 1849), p. 299; and, curiously, in the *Romancero sefardí*, collected by
Moshe Attias (Jerusalem, 1956), p. 175.

[3] See, for example, Juan de Avila's sermon 'Audi, Filia' in *Obras del padre maestro Juan
de Avila, predicador en el Andalucía* (Madrid, 1577), fol. 295ʳ.

vincingly before us as the play gathers momentum; Amón, for example, acquires his identity from moment to moment as new situations and demands are thrust upon him. If only because Tirso creates this elementary, yet necessary, illusion of life, he shows his independence from the source material; Scripture offered him the rudiments of drama and he breathed life into them. But Tirso did more than animate the stage with characters who carry conviction. Life and perspective are written into them so that they can act out convincingly a drama about justice—the pivot round which action and poetry revolve.

Throughout the first two acts, talk of war is heard. A lull in the hostilities between David's army and the Ammonites brings his sons together in Jerusalem. At any moment they may have to return to the siege of Rábata. The shadow of violence is cast over them. This background detail is not casually chosen; it reinforces a theme of violent love. As the play opens, David's family fights an external foe; as it develops, another form of war works out its course within the royal family. The transition from war to love is subtly followed through in the portrayal of Amón. His first appearance gives an actor all he could desire in the way of a simple, striking introduction to the part he is about to assume: Amón is weary of war and its obligations:

> Quitadme aquestas espuelas,
> y descalzadme estas botas.

He has done with his father's campaign; let the old man build his own siege towers. But if not war, then what? On Absalón's entry a dialogue ensues that is to all appearances facetious; Absalón, the vain and eloquent younger brother, has no need to seek an alternative to warfare. Are not love and war the same thing? Assaults, reconnoitres, passwords and tactics are as much the lover's stock-in-trade as the soldier's. Absalón is, of course, playing with a venerable metaphor,[1] yet because the image works on the mind of another character it assumes new life. Amón is introduced to the idea of love being a

---

[1] It appears in Ovid: 'Militiae species amor est' (*Ars Amandi*, II, 233).

variation on military conquest, and his brother's eloquence is etched upon his mind.

Confusion over the figurative use of language is a rich source of comic entertainment, repeatedly exploited by Tirso in his light comedies. Comedy comes near to the surface in Amón's next move: he will scale the seraglio walls and satisfy his curiosity about the inmates. Absalón's metaphor of conquest is translated into the literal stage-action, and comic folly wraps itself around Amón. Yet there is a serious edge to all this; trespassing into David's seraglio is innocent enough; but for a son to enter clandestinely among his father's wives is a different matter. At this early stage in the play, Amón is emerging as a complex character; brought to a particular concept of love by his brother's metaphor, he begins to assert a course of action beyond restraint:

provecho es hacer mi gusto.

He assumes dramatic stature as he fashions the concepts and laws that will govern his new world. In the ensuing garden scene, unrestrained lyricism and farce take over. We should remember that the scene would have been played on a stage bathed in daylight; Amón's antics would have involved a deal of mime—the kind of acting in which actions seem to be but a comic and formal ritual governed by some unseen, perhaps malevolent, master. Tirso's purpose here is obvious; left alone on stage, Amón confesses a new master, the blind and war-like god of Love (I, 559–62). The sonnet in which Cupid is declared victorious marks a watershed between the comedy of love and its tragedy.

In these opening scenes, Tirso has emphasised the idea of an unreality; a character acts out another man's metaphor, forges his own law and entrusts himself to a wild dream of beauty and love. As he reasons before his audience the imagery he employs suggests unreason; images of darkness and confusion predominate, as eloquent as Amón's gropings in the unfamiliar seraglio. Tirso avoids yielding to robust, moral outrage over the matter of incest; how much more effective it is to see the genesis of violence as an impulse to reach out to some ill-defined idol of love. With the discovery that his sister

Tamar is the woman who won his love, Amón's presentation undergoes a change; now he directs his thoughts towards the audience, as if to enlist us as accomplices in his dilemma. Torn between conscience and desire, he resolves argument in a powerful image:

> ¿Pero ciego y con pigüelas
> cómo podrá el sacre huir?

Blinded and fettered by love, as the saker-hawk by its master, how can he escape from love? The image is ambiguous; we may well think of the saker as the bird of pursuit, trained to strike down an unsuspecting quarry. The image points forward, ironically, to Amón's future role; it also travels back to Absalón's metaphor of warlike love. Whether we interpret the saker as the helpless captive or the swift instrument of destruction, we sense how Amón has submitted love to a heartless code. Act I ends with a sharp contrast; as the marriage celebrations of Josefo and Elisa bear witness to an 'amor sazonado', the masked prince, with a flurry of disordered rhetoric (I, 810–18), courts his unsuspecting sister. The wedding dance breaks up in confusion.

Having brought us so near to his tragic theme, Tirso allows his play to slip back momentarily into a comic mood. Act II starts off with scenes of fussy buffoonery. Amón's trivial acts of madness give rise to occasional satire, though at the same time comic distraction is underlining the theme of love's folly; as the musicians and fencing-master scatter at the prince's capricious order, the topic of violence is brought perceptibly within the reach of humour. Even in David's entry there is a ripple of comedy; scarcely has the king drawn breath from an impossibly involved victory oration, when the duties of a state occasion are forgotten in a domestic crisis. Transformed into a homely figure, the old man bends weeping over an intractable son. The subdued comedy drains quickly away, however, when Amón makes a first bid to win his sister. In the scenes that follow, there is a profoundly unsettling quality, brought about in a dissociation between the literary and emotional content. Amón conjures up a rarefied world of fantasy; he feigns a highly 'literary' situation, while his real passion inhabits an echoing silence left in its wake. A brittle play on names (*Amón—amo, Tamar—amar*) sets the artificial mood; the fiction of the Ammonite princess intensifies it; a lengthy argument in favour of living a substitute life of the imagination imparts a cold logic to Amón's purpose. The portrayal of deception is brought to a climax with one of the theatre's sharpest weapons, a play within a play: Tamar co-operates in an artless charade, burlesquing a situation parallel to her own; unwittingly, she offers herself as the person upon whom a genuine passion can feed. Deceit, self-betrayal and despair are brought vividly alive. Joab's intervention breaks the spell, and, in a finely controlled sonnet (II, 955–68), Tamar withdraws from this equivocal make-believe.

Verse-forms can play an important part in a poetic drama; in *La venganza de Tamar* they are worth watching. The sonnet has been chosen by Tirso to mark those critical moments in his play when a character surveys a situation and arrives at a major decision. In Tamar's sonnet, a moral truth is brought to bear on Amón: fiction or reality, his game of love cannot avoid ultimate offence. In turn Amón reconsiders his action in a sonnet. His aim is now to provide an exercise in self-justification. Note the sonnet's argument carefully (II, 1009–22). At each stage of its formal construction, an appeal is made to the idea of law: there is a universal rule, Amón argues, that like is attracted to like; are not brother and sister particularly subject to this law of similars? In the case of Adam's offspring, a natural law of necessity prevailed between brother and sister; this is the law I use in my defence. Here we are witnessing a fundamental trait of serious seventeenth-century drama; even when a character places himself outside the law, he is seen within its context. Amón is constrained to fill the void of passion with a semblance of lawfulness, appropriating the authority of natural philosophy and Scripture to provide a guise of justification. At the end of Act II, the law-breaker brushes all constraint aside: he denies he is a brother and a prince, denies that he is subject to his King; love has become a law above all law; satisfaction is the only measure of dignity. In this curt, broken dialogue, the lines of characterisation converge and are resolved into the only reality that Amón can truthfully claim to be his: self-destroying and destructive violence.

Throughout Act III Amón is given subdued treatment, although by virtue of what happens around him he attracts a new emotion from the audience. Once passion is spent, and he looks towards David for some hope of forgiveness, a note of pathos follows on the storm of crime; this warms to pity as we see him tricked into Absalón's dream of power. For a brief moment the old Amón is glimpsed in the incident with the veiled shepherdess; it is as if the sympathy now accompanying Amón were being submitted to a test; if we are moved by his murder, we are also reminded of the outrage committed by the victim himself.

Another student of *La venganza de Tamar* has noted how the play's central characters enjoy a certain similarity. Technically, a large part of this is achieved by the interlacing of imagery; in a deeper sense, they all contribute to one theme about the nature of justice. Let us look briefly at Tamar. From her first entry, there is a restlessness and sense of oppression akin to Amón's; in her imagery of love as a consuming fire or appetite, her inner mood is picked out. During the unexpected intrusion of the gardener's boy, the spirit of the coquette is suggested; darkness relaxes the strict observance of decorum! But when public affront is suffered at Josefo's marriage celebrations, Tamar's reaction,

> Hola, matadme ese hombre,
> dejad la fiesta, seguilde.

is ruthless and immediate. While Amón is in the ascendency as a character, these traits in his sister are unobtrusively sketched in, and laid in store for the moment when she is released from a passive role. In Act III, this moment comes. Tamar is transformed; from playing the victim, she moves to the centre of the stage bent on exacting to the uttermost the due of revenge. Honour acquires the imagery of fire and appetite once applied to love; retribution is her only law. In a dextrous appeal to David, she fashions the image of fiery love into one of bloody revenge (III, 192–9). She urges on her father, reminding him of how another father obeyed a command to kill a son; did not Abraham lift a knife against Isaac? An inner bleakness dominates these arguments, as repellant as Amón's own tortured love. This is driven home in the pastoral scenes later in the Act. The shepherds inhabit a world of natural generosity; for them, the mirror which exalts Tamar's perfection is the river as it reflects her beauty, not the mirror of honour; if she suffers from some blemish, it can be removed simply by washing in the water.[1] Tamar picks up their simple notion and submits it to a different conclusion: only spilt blood can treat the blemish that she hides. By this simple device of contrast, the law of revenge acquires a terrible inhumanity, complete when we see Tamar rejoicing coldly over Amón's corpse. Her final revenge is bought at the cost of life and charity. Throughout the play, there is a well-defined symmetry between Amón and Tamar. For part of the action Amón is the aggressor and Tamar the victim; then, in the third act, they each assume the other's role, calling forth a drastic change in our reactions. Each, too, exacts claims upon the other: Amón submits his sister to his rule of passion and she in turn imposes on him a crude code of revenge.

Already we can glimpse some of the complex issues revealed through these two characters. The transference of sympathy from one character to another is a subtle attempt to engage us in the problem of sin and justice. Let us consider one of the ways in which drama can underline an exemplary theme. Simple entertainment frequently provides a simple moral: guilty men are punished and virtuous men

---

[1] In this scene, Tirso uses motifs ancient in European literature. There is an intimate fusion of pagan and Christian reminiscences. The setting (flowery fields, clear waters) and the season (Spring) recall the May festivals that celebrated young love; this old folkloric motif had entered early into cultured poetry in its treatment, for example, of the Country versus the Court topic. Christian devotional writers used the image of cool, clear waters as a symbol of consolation; this is the theme of the shepherds' song 'Que si estáis triste, la Infanta', although their concept of consolation is simple. Tirso (the shepherd) tells us that the scene takes place on the banks of Jordan (III, 591); i.e. the river of purification. (For a pertinent discussion of the fountain image in European and Spanish poetry, see E. Asensio, *Poética y realidad en el cancionero peninsular de la edad media*, Madrid, 1957, his chapter on *Fonte frida*). Innocent love, forbearance, and purification; with immaculate skill Tirso brings these old associations to the forefront of our thoughts. It is worthy of note that one of the shepherds is called Tirso; in all probability, the dramatist is identifying himself with those whose ideal he respects.

are rewarded. This elementary concept of right and wrong probably answered the anticipations of a seventeenth-century audience as often as it does in many forms of modern entertainment; at times, it has little to do with good and evil outside the theatre or novel. Thoughtful artists rarely allow themselves to be lulled into such crude morality, although they may well calculate on our expecting a simple, exemplary ending the better to catch us unawares and make us think again. This, I suggest, is what Tirso aims at doing in *La venganza de Tamar*; in the death of Amón an exemplary theme is brought to a close, yet in the process the world of would-be innocence is corrupted. Tamar's victory is not the reward of suffering virtue, but a triumph of malice and hatred. This point becomes all the more apparent when we consider the instrument of Tamar's revenge, her brother Absalón.

Throughout Act I, Absalón stands in the margin of the play, flaunting his beauty and his success with women; he fits nicely into the human comedy that pervades the opening scenes. But in Act III, he emerges in a different light; his vanity acquires dimensions that forbid amusement. Before Tamar's violation has been made known, he is seen quarrelling with Adonías over the right of succession to the throne (III, 96–159). The moment chosen to show this dispute is important; at the prospect of Amón's illness being fatal, Absalón reveals his ambition for power; Adonías will not stand in his way. Nothing of this is changed by the circumstances of his sister's dishonour, save that now he can further ambition under the guise of a just prince and an outraged brother; to demand satisfaction of the law is to ensure possession of the crown:

> Con su muerte cumpliré
> su justicia y mi ambición.

If necessary, he would willingly dispose of his father to gain his end; when he tries the fit of David's crown, a familiar presentation of worldly vanity is transformed into a vision of tremulous ambition and ruthlessness. In his rhetoric, the image of hunger, applied to his desire for the crown, harks back to Amón's language of passion and

Tamar's of revenge; from this crossing of imagery, we are invited to identify Absalón with yet another private law, all the more sinister because it can appropriate the appearances of justice. Amón's death is decreed and executed by a judge who serves no other cause but his own vanity.

There is nothing intricate in the structure and imagery of *La venganza de Tamar*; with deceptive ease, it engages us in a formidable conflict. Our expectations of an exemplary conclusion are lost in the havoc of feelings towards what happens on stage; Amón's death fails to provide the repose that accompanies the simple formula of error and punishment, suffering and reward. We are carried beyond this simple morality and brought to contemplate a vision of broken justice. Tirso takes us one step further: through his portrayal of David, the flawed image of justice is contrasted with the idea of mercy.

There are comic overtones in David; he shares the company of innumerable *comedia* fathers who vainly try to direct wayward families. Fond and solicitous, he is vulnerable to his childrens' demands; at moments, only the future, when Salomón will reign, brings him a sense of security (III, 160–5). Yet David is also the king. When crisis overwhelms his family, he is caught between conflicting loyalties: as a king he knows the needs of justice, while as a father he is moved by love (III, 346–65). Placed between these two extremes, he recalls how he himself had caused offence, murdering Uriah in order to win Bathsheba; God, however, had shown mercy and forgiven his crime. This is what David will do; he will reconcile fatherly love and kingly duty by respecting the superior call of mercy. As a character, David is skilfully drawn; as part of a theme traced out in the play, his role is central, for it brings the mind to bear on the deep incompatibility between temporal justice and the will to forgive. By ceasing to resist evil with the just weapon of the law, entrusted to him, he fails as a king and suffers as a father. In David, we realise that to live by the law is to live by force, while to live by mercy is to forgo the power that seeks to quell injustice. At the end of the play, the lone king stands dreaming of ideal love, helpless because he has chosen to accept evil in this way. An echo of Amón's earlier speech is heard (III, 999–1015); even mercy itself is perhaps a trick of the imagination, a fond hope maintained by self-deception.

La venganza de Tamar is a drama about guilt, justice and mercy. Through Amón's crime, guilt enters into David's family, and in its wake brings the need to redress the wrong of passion. Through Tamar and Absalón, law becomes a fallible weapon of order, since it yields to revenge and ambition, stifling these generous qualities that we wish to associate with an honourable justice. When we look to David, the just king, we see the ultimate tragedy of the law; wishing to bend it towards compassion, he is brought to realise that justice and the appeal of mercy are irreconcilable. Within the tense and divided world of David's family, drama offers a bleak demonstration of moral chaos; evil breeds evil, and the finest motive succumbs to the anarchy of greatest might. Yet in this pessimism there is a challenge: is the tragic solution the only possible one, or should the mind seek some new order from within the material it has been given?

Let us return to Tirso's portrayal of David. We have noted two of his features; he attracts a deal of gentle comedy and argues out the case for mercy. Why has Tirso chosen to dramatise the advocate of forgiveness in this way? The answer is, I think, that he wished to present us with a striking parable of mercy. To worldly eyes, charity is a comic absurdity; it asks us to accept evil as readily as, say, a father accepts a wayward son. David sums up the worldly folly of putting love above calculation; through him the nature of mercy is translated into an enduring and recognisable human situation, the relationship between father and son. And it is his infinitely vulnerable form of love that survives tragedy; the day is foreseen when another son will make Godly justice a reality (II, 359; III, 160). Absalón's vanity, as Laureta reminds us, leads him to a grotesque death in the branches of a cork-oak tree. The cycle of tragedy closes with him. Long after Amón's ephemeral passion and Absalón's ambition have faded, a father's dream of a righteous rule will be realised in Salomón.

There is, however, a severe limitation to this line of thought. It fails to answer the urgency with which the play's tragic conflict is presented. No one can deny the impact of the closing scenes; broken trust, murder and humiliated kingship cry out for resolution within the moment of tragedy. To see future peace is not enough. What I would now like to ask is whether Tirso intended us to bring any specifically Christian knowledge to bear on the disordered spectacle of tragedy. The question is valid if only because of the contemporary attitude to Old Testament Scripture; Catholic interpreters generally sought to understand the Old Testament books in the light of the Incarnation, seeing past events as veiled anticipations, or metaphors, of the New Testament story. But, furthermore, would we not expect a drama that probes into the problem of guilt, law, justice and mercy to raise a thought of relevant Christian belief? By its very pessimism, the play seems to invite us to find a point of harmony where our response to art can be at one with belief. If we set out to find such a point of harmony, we shall have to recognise our own freedom as readers; the letter of the play will neither confirm nor deny any solution we may find to tragic pessimism.

We have already mentioned the purpose in the pastoral scenes in Act III; they establish a contrast between goodness and Tamar's obsession for revenge. The shepherds talk of purification by water; Tamar wishes to propitiate the gods of honour with a human sacrifice. As Amón crosses the pastoral scene, he is associated strongly with the appeal of innocence, for it is on his behalf that the shepherds are arguing. The more we feel the inhumanity of Tamar's argument, the more our sympathies gather round the unsuspecting, trusting victim. But there is another purpose behind the rustic scene; it suggests a concealed metaphor. The shepherds sing of their work, and in their song there is a note of urgency; the moment has come when the year's vigilance will be rewarded with the wool shorn from their sheep. The rustic circumstances harmonise perfectly with the growing sense of tragedy, not only because they impart a note of imminent fulfilment, but also because they suggest a correspondence between the shearing of the flock and the death of Amón. In the natural world, a year ends with the victim awaiting the shears; in the world of passion, Amón too is being led to the knife. What Tirso has done is to plant an analogy in the mind of his spectators; and it is an analogy which has a particular significance in the light of our play's central conflict. By seeing a relationship between the 'innocent' Amón about to pay the sacrifice of honour and the sheep awaiting the shepherds' shears, we are within a step of the major Christian image of the slain Lamb, that is, Christ. If this step is taken and the analogy completed, we arrive at a stable symbol of divine justice and mercy.[1] Almost as if he wished to ensure our hold upon the image, Tirso repeats it in the play's closing moments: as David waits alone on the stage, he asks,

> ¿Si se habrá Absalón vengado?
> ¿Si habréis sido, como temo,
> hijo caro de mis ojos,
> de sus esquilmos cordero?

The image has shifted slightly from the previous scenes and become more explicit; David refers directly to the 'cordero', the first time that this word has been used. Let us consider carefully what we are doing here; we are not identifying Amón with Christ, but following up an analogy that has grown out of the literal stage-action, in the hope that it offers a fresh idea on the subject of justice and mercy. Nor would it be right to say that the fresh idea present in the symbol of the Slain Lamb provides a solution to tragedy; it allows tragic conflict to be seen as something within the reach of Christian

---

[1] Shearing sheep, of course, does not mean killing them; the element of death enters into the bundle of associations through Amón. I should add a further point: a reader or spectator may sense an 'aptness' in the pastoral topic, without admitting any Christological significance. I would argue that he senses aptness because the idea of the innocent and suffering Lamb, the *Agnus Dei*, existed already in his mind, providing the basis of analogy. That we should actually bring the idea of the *Agnus Dei* into our reading of the play is due to the nature of the conflict it explores; not every shepherd in every Golden Age play should be seen in this light. We should remember that the topic of the Slain Lamb, representing Christ the Merciful Judge, was a commonplace, reiterated in the language of the Church's mysteries and reproduced prolifically in the very ornaments of Church furnishing. The principal source for the image is Revelation v. 6–12: 'And I beheld, and lo, in the midst of the throne, and of the four beasts, and in the midst of the Elders, stood a Lamb as it had been slain', etc. For a pictorial presentation of the symbol, one can consult Jan Van Eyck's 'Adoration of the Lamb', reproduced and discussed by E. Panofsky in *Early Netherlandish Painting* (Cambridge, Mass., 1953). See also Acts viii. 32–3.

mystery. Once we bring the mind to bear on the Christian concept of suffering and mercy, we have in fact brought conflict out of the context of a play and placed it squarely within a seventeenth-century, or indeed Christian, reality. This new direction of thought also opens up further possibilities if we look, for a last time, at David.

If we claim to have found an element of thought that gives order to tragedy, that thought should allow us to review the play substantially; the mind should be able to travel back over the play, seeing significance where before there was inconsistency. For example, Tamar's allusion to Abraham and the sacrifice of Isaac (III, 252–9) is incomplete; she falsified history, for it did not suit her rhetorical purpose to add that Isaac was spared and in his place Abraham killed the ram caught in thickets. This ram was one of the most famous prefigurations of the Crucified Christ. That is, we can reject Tamar's lie yet still accommodate it to a truth within the play; it generates an association that points forward to the Christian idea of suffering and forgiveness. Similarly, David's wish to see Jerusalem as a theatre of love, presided over by an exceptional lover bearing many crowns, can be seen in a new light (II, 313–16). The king's role itself assumes an unexpected dimension. To see its full significance, we have to make one simple observation on Tirso's reordering of his source material: the central conflict between justice and mercy belongs uniquely to *La venganza de Tamar*, not to 2 Samuel xiii. Tirso brought about a master-stroke, for this was the conflict which Christians for centuries had seen incarnated in the figure of David. He stood for the man who suffered under the Law and yearned in his psalms for the day when the Incarnation would redeem man from the Law. In one of his most famous verses—repeated by the Church in its Christmas Day liturgy—he witnessed the conflict and foresaw its solution: 'Mercy and Truth are met together; Righteousness and Peace have kissed each other' (Psalm lxxxv. 10; the Vulgate renders 'righteousness' by *iustitia*). Commentators of this passage saw an allusion to the day when justice, having exacted its final penalty in Christ's death, would then be reconciled to mercy. The verse is important; it not only presents, in the most familiar form, the theme associated so strongly with the psalmist, but succinctly provides the elements of conflict in *La venganza de Tamar*. Indeed, as David decides to act as a merciful King, an unmistakable echo of the psalm is heard (III, 370–5). It is easy to overlook an aspect of Tirso's play that is by its very simplicity so effective: by gathering the story of Amón and Tamar round the opposition of justice and mercy, and by identifying the will to transcend the law with David, Tirso brought his play into conjunction with an ancient devotional background. For a contemporary audience, one suspects that cross-currents between the play and simple devotional truth must have been strong indeed. A further perspective opens out from the symbolism of the Slain Lamb: in the human drama of the father who sent his son into the hands of his enemies in order to prove his love there is a pervasive analogy with the Divine Father who sent Christ, the Son, to a death that would atone for evil. Would Tirso have drawn the traditional conflict of David and the matter of his play so close and yet have expected us to overlook the inferences?

One may voice an objection to all this. For all intents and purposes, *La venganza de Tamar* is a secular play, dealing with human passion and human law. Why should the reader be required to think in terms of a supernatural order? The objection would be valid if we did not acknowledge the urgency with which the play presents its tragic vision; its manipulation of our emotions has a certain cruelty, its conclusion removes any offer of moral security. In David's divided family, we are offered an allegory, as it were, of man's failure to redeem himself by law; guilt generates fresh guilt, and any finer aspirations meet with shattering failure. When the tragic vision is at its bleakest, our own moral sense is profoundly disturbed, and the mind looks then for a context of thought within which imperfect law is not the only weapon against evil. Only once this challenge is accepted does the play offer new directions for thought to take. Had Tirso written *La venganza de Tamar* as a play dealing specifically with the relation between individuals and God, there would have been little compulsion to see further than what the dramatist stated openly; the possibility of grasping for oneself an understanding of mercy and justice would have been reduced. As it is, Tirso confronts his audience with the problem of mercy in moving human terms. In this human drama lies a challenge: how are we to resolve the problem of guilt, justice and mercy in terms of the faith held by the men and women in Tirso's audience? Without for a moment preaching to his audience, Tirso has so handled his topic that we are left free to discover, within a vision of violence, a truth that faith asserts in the face of violence. Tragic outrage, ruthlessly and even perhaps cruelly exploited by Tirso, is part of a deeply compassionate purpose.[1]

THE DATE OF THE PLAY

Several conflicting ideas have been forwarded about the date of *La venganza de Tamar*;[2] their lack of agreement underlines the difficulty that problems of chronology frequently cause in Golden Age studies. If, as I believe, the play underwent a series of recensions, it is imprudent to make any claim to irrefutable accuracy. However, one textual detail suggests that the play was first written in the period 1621–4. Tamar's *romancillo Pajarito que vas a la fuente, bebe y vente* (I, 353–80, 441–54) appears also in *Cigarrales de Toledo* (approved 1621, published 1624), but with a major difference: the play omits part of the song as it is printed in the *Cigarrales*, yet fragments of this part enter into Amón's reaction on hearing his sister's voice.[3] It is more likely that Tirso plagiarised himself in the play, reassembling the

[1] For a rather different approach to the play, see E. W. Hesse, 'The Incest Motif in Tirso's *La venganza de Tamar*', *Hispania*, vol. XLVII (1964); A. E. Sloman compares Tirso's play with Calderón's *Los cabellos de Absalón* in *The Dramatic Craftsmanship of Calderón* (Oxford, 1958).

[2] Doña Blanca situated the final 'redacción' of the play in 1621, without giving her reasons (*Obras*, vol. I, p. 569 b); A. Cioranescu, on flimsy grounds, argues for 1612–15 ('La biographie de Tirso de Molina', *Bulletin Hispanique*, vol. LXIV, 1962, p. 164); J. C. J. Metford argues strongly for our considering 1624 as a *terminus ad quem*, though I fail to be convinced by his attempt to relate a 1616 edition of Josephus to Tirso's first interest in the Tamar story (J. C. J. Metford, 'Tirso de Molina's Old Testament Plays', *Bulletin of Hispanic Studies*, vol. XXVII, 1950).

[3] For the comparison, the *Cigarrales* text is contained in V. Said Armesto's edition (Madrid, 1913), pp. 335–6.

song from the complete version in the *Cigarrales*. A surviving and variant manuscript version of the play is dated 1632. Quite possibly the play underwent revision between its date of composition (1621–4) and the final printed version in Tirso's *Parte tercera* (1634). For this point, see below under The Text.

We need not entertain wholeheartedly the theory that literature is an historical document to feel that a play, a novel or a poem bears some allegiance to contemporary issues. Its tone, or theme, may have been in close sympathy with the attitudes or concerns of the times. The period in which this play was probably conceived was turbulent; the old order of Philip III had succumbed before the onrush of new personalities and ambitions that accompanied his son's accession to the throne. In his history of the Mercedarian Order, Tirso looks back with evident dismay at the social upheaval suffered in these years, describing 'la impestiva muerte y mal lograda juventud de Filipo el manso, el apacible, el santo y el piadoso. Murió con él la paz de su corona, la abundancia de sus súbditos, y el siglo de oro muchas veces. Y del modo que a la ruina de una grande fábrica cae con ella todo lo sumptuoso, lo rico y lo estudiado, ansí con este Rey, nuestras felicidades, y sólo nos quedaron los recuerdos de tanto bien perdido.'[1] This kind of disquiet must have entered into the conception of *La venganza de Tamar*; its vision of a divided family rings true with an age of fallen favourites, radical change and political insecurity. We can also remember that commentaries on the Books of Kings were recommended by Biblical scholars for their political wisdom. 'Nothing is more fitting for the instruction of princes', wrote Cornelius a Lapide, 'than the explication of sacred history, above all of the Books of Kings. For they will understand clearly therein that the foundation of their kingdom, their politics and all their prosperity must be built on true faith and justice. Without this there can be no peace or security for the Christian prince. The Emperor Charles V profited greatly from this lesson; in his youth, he was urged by his tutor Adrian to read again and again the Books of

---

[1] *Historia general del Orden de Nra Sa. de las Mercedes*, MS. in the Real Academia de la Historia, Madrid; fol. 307ʳ of vol. 1; this volume was completed in 1639.

Kings.'[1] Tirso has taken this exhortation to heart; his play explores some of the very assumptions by which society was thought to survive, at a time when thinking Spaniards found real grounds for disquiet.

THE TEXT

The *Parte tercera de las comedias del Maestro Tirso de Molina* (Tortosa, 1634) provides the basis of our present text. Its version of *La venganza de Tamar* is superior to any other. This *Parte* was collected and published by Tirso's nephew Francisco Lucas de Avila; we may assume, therefore, that the texts met with his uncle's approval, although this does not imply that they are necessarily infallible. There are three other sources that offer, on occasion, improved readings: a manuscript (probably an actor's or producer's copy) dated 1632,[2] an early eighteenth-century *suelta*,[3] and the second act of Calderón's *Los cabellos de Absalón*.[4] A full study of the complex relationship between these four texts is out of place here; it must be enough to say that each version is substantially different from the others, enough to suggest a process of revision.[5] The *suelta* seems to represent an early version, the manuscript a later recension and the *Parte* a final version revised again for publication. Where the *Parte* proves insufficient I have not hesitated to summon aid from the other three in order to produce a readable text. On one occasion (II, 85–124) I could not resist including a fulsome passage contained only in

[1] Cornelius a Lapide, *Commentarius in Iosue, Iudicum, Ruth, IV Libros Regum et II Paralipomenon* (Antwerp, 1642), vol. I, pp. 209–10.

[2] Biblioteca Nacional, Madrid, MS. 15.058.

[3] There is a copy in the B.N.M., T/14792¹²; the head title reads: Num. 191/LA VENGANZA DE THAMAR./COMEDIA/FAMOSA,/*DEL DOCTOR FELIPE GODINEZ.*/. (The attribution to Godínez need not be taken seriously.) The suelta colophon reads: Con licencia: En Sevilla, por FRANCISCO/DE LEEFDAEL, en la cafa del/Correo Viejo./.

[4] Calderón lifted the second act of his *Los cabellos de Absalón* from the third act of *La venganza de Tamar*. There are good reasons for considering the earliest printing of the Calderón version to be the *suelta* LOS CABELLOS DE ABSALON./ COMEDIA/FAMOSA./De Don Pedro Calderon./, of which the British Museum possesses a copy, C.108.bbb.20.

[5] For a detailed analysis of the problem, see A. K. G. Paterson, 'The Textual History of Tirso's *La venganza de Tamar*', *Modern Language Review*, vol. LXIII (1968), pp. 381–91.

the MS version; it offers an interesting example of the bawdry that was tolerated in the theatre.

Spelling has been modernised, save where to alter would have created prosodic inconsistencies. Punctuation has been introduced to supplement its scarce use in the *Parte*. Stage directions are restricted to those found in the *Parte*, themselves quite sufficient for a reader to reconstruct the movements on stage.

PERSONAS

AMÓN

ELIAZER

JONADAB

ABSALÓN

ADONÍAS

TAMAR

DINA

ABIGAIL, reina

BERSABÉ

UN CRIADO

UN MAESTRO DE ARMAS

JOAB

DAVID

MICOL

SALOMÓN

TIRSO

BRAULIO

ALISO }ganaderos

RISELO

ARDELIO

LAURETA

JOSEFO }novios

ELISA

JORNADA PRIMERA

Salen AMÓN *de camino,* ELIAZER *y* JONADAB, *hebreos.*

AMÓN	Quitadme aquestas espuelas,
	y descalzadme estas botas.
ELIAZER	Ya de ver murallas rotas,
	por cuyas escalas vuelas,
	debes de venir cansado.
AMÓN	Es mi padre pertinaz;
	ni viejo admite la paz,
	ni mozo quitó del lado
	el acero que desciño.
JONADAB	De eso, señor, no te espantes;
	quien descabezó gigantes
	y comenzó a vencer niño,
	si es otra naturaleza
	la poderosa costumbre,
	viejo tendrá pesadumbre
	con la paz.
ELIAZER	A la grandeza
	del reino que le corona
	por sus hazañas subió.
AMÓN	No soy tan soldado yo
	cual dél la fama pregona.
	De los amonitas cerque
	David la idólatra corte,
	máquinas la industria corte
	con que a sus muros se acerque,
	que si en eso se halla bien
	porque sus reinos mejora,
	más quiero, Eliazer, una hora
	de nuestra Jerusalén,

Line numbers: 5, 10, 15, 20, 25

que cuantas victorias dan
a su nombre eterna fama.   30

ELIAZER Si fueras de alguna dama
alambicado galán,
no me espanto que la ausencia
te hiciera la guerra odiosa;
que amor que en la paz reposa   35
pierde armado la paciencia.
Mas, no amando, aborrecer
las armas, que de pesadas
suelen ser desamoradas,
cosa es nueva.

AMÓN   Sí, Eliazer,   40
nueva es, por eso la apruebo.
En todo soy singular,
que no es digno de estimar
el que no inventa algo nuevo.

Salen ABSALÓN, ADONÍAS *y otros, de camino.*

ABSALÓN No gozaremos las treguas   45
que el Rey da al contrario, bien,
no estando en Jerusalén.

ADONÍAS Corrido habemos las leguas
que hay de Rábata hasta aquí
volando.

ABSALÓN   ¡Qué bien pensó   50
quien las postas inventó!

ELIAZER No a lo menos para mí.
Doylas a la maldición,
que, batanando jornadas,
me han puesto las dos lunadas   55
como ruedas de salmón.

ABSALÓN ¡O Eliazer! ¿También tú gozas
treguas acá?

ELIAZER   ¿Qué querías?

AMÓN	¡O mi Absalón, mi Adonías!	
	¿Aquí?	
ABSALÓN	Travesuras mozas	60
	nunca, hermano, están de espacio.	
	Troquemos en nuestra tierra	
	por las tiendas de la guerra	
	los salones de palacio.	
	Diez días que han de durar	65
	las treguas que al amonita	
	David da, el Amor permita	
	sus murallas escalar.	
AMÓN	¿Murallas de Amor?	
ABSALÓN	Bien puedes	
	permitirles este nombre;	70
	amando de noche un hombre,	
	¿no asalta también paredes?	
	¿Ventanas altas no escala?	
	¿No ronda? ¿El nombre no da?	
	¿Trazando ardides no está?	75
	Luego Amor a Marte iguala.	
AMÓN	No te quiero replicar;	
	ya sé que tiene gran parte	
	Amor, que es hijo de Marte,	
	y lo que hay de Marte a amar.	80
ADONÍAS	En ti, Príncipe, infinito,	
	pues con ser tan gran soldado	
	nunca fuiste enamorado.	
AMÓN	Poco sus llamas permito:	
	no sé ser tan conversable	85
	como tú, hermano Absalón.	
ABSALÓN	La hermosura es perfección,	
	y lo perfecto es amable;	
	hízome hermoso mi suerte,	
	y a todas me comunico.	90
AMÓN	Estás de cabellos rico,	

34

y ansí puedes atreverte,
que a guedeja que les des,
las que muertas por las tiendas
te porfían que los vendas,   95
tendrán en ti su interés,
pues si no miente la fama,
tanto tu cabeza vale,
que me afirman que te sale
a cabello cada dama.   100

ELIAZER   Si ansí sus defectos salvas,
¿qué mucho te quieran bien?
pues toda Jerusalén
te llama socorre-calvas.

Y las muchas que compones,   105
debiéndote sus bellezas,
hacen que haya en las cabezas
infinitos Absalones;
ristros puedes hacer dellas.

ABSALÓN   Eliazer, conceptos bajos   110
dices.

ELIAZER   Fueran ristros de ajos,
si no es por ti, las más bellas.

ABSALÓN   En fin, ¿el Príncipe da
en no querer a ninguna?

AMÓN   Hasta encontrar con alguna   115
perfecta, no me verá
en su minuta el Amor.

ABSALÓN   ¿Elisabet no es hermosa?

AMÓN   De cerca no, que es hoyosa.

ADONÍAS   ¿Y Ester?

AMÓN   Tiene buen color   120
pero mala dentadura.

ELIAZER   ¿Délbora?

       Es grande de boca.

JONADAB   ¿Atalia?

AMÓN	Esa es muy loca
	y pequeña de estatura.
ABSALÓN	No tiene falta María.
AMÓN	¿Ser melindrosa no es falta?
ADONÍAS	¿Dina?
AMÓN	Enfádame por alta.
ELIAZER	¿Ruth?
AMÓN	Es negra.
JONADAB	¿Raquel?
AMÓN	Fría.
ABSALÓN	¿Aristóbola?
AMÓN	Es común;
	habla con ciento en un año.
ABSALÓN	¿Judit?
AMÓN	Tiene mucho paño,
	y huele siempre a betún.
ADONÍAS	¿Marta?
AMÓN	Encubre muchos granos.
ELIAZER	¿Alejandra?
AMÓN	Es algo espesa.
JONADAB	¿Jezabel?
AMÓN	Dícenme que ésa
	trae juanetes en las manos.
ABSALÓN	¿Zilene?
AMÓN	Rostro bizarro,
	mas flaca, y impertinente.
ELIAZER	Pues no hallas quien te contente,
	haz una dama de barro.
ABSALÓN	¡Válgate Dios por Amón,
	qué satírico que estás!
AMÓN	No has de verme amar jamás;
	tengo mala condición.
ADONÍAS	¿Luego no querrás mañana
	en la noche ir a la fiesta
	y boda que a Elisa apresta

Líneas: 125, 130, 135, 140, 145

	la mocedad cortesana?	
AMÓN	¿Con quién se casa?	
ADONÍAS	¿Eso ignoras?	
	Con Josefo de Isacar.	150
AMÓN	Bella mujer le han de dar.	
ABSALÓN	Tú que nunca te enamoras,	
	no la tendrás por muy bella.	
	¿Piensas ir allá?	
AMÓN	No sé.	
ADONÍAS	Hay rebravo sarao.	
AMÓN	Iré	155
	a danzar, pero no a vella.	
	Mas ha de ser disfrazado,	
	si es que máscaras se admiten.	
ADONÍAS	En los saraos se permiten.	
AMÓN	Lástima tengo al casado	160
	con una mujer a cuestas.	
ELIAZER	Poco en eso te pareces	
	a tu padre.	
AMÓN	Muchas veces	
	de ese modo me molestas.	
	Ya sé que a David mi padre	165
	no le han parecido mal,	
	testigo la de Nabal	
	y Bersabé, hermosa madre	
	del risueño Salomón.	
ADONÍAS	Y las muchas concubinas,	170
	cuyas bellezas divinas	
	milagro del mundo son.	
	Gana he tenido de vellas.	
AMÓN	Guárdalas el Rey de suerte	
	que aun no ha de poder la muerte	175
	hallar por donde vencellas.	
ABSALÓN	El recato de palacio	
	y poca seguridad	

37

de la femenil beldad
no las deja ver despacio.   180
Mas, por Dios, que ha pocos días
que a una muchacha que vi
entre ellas, Amón, le di
toda el alma.

AMÓN   Oye, Adonías,
del modo que está Absalón.   185
¿A la mujer de tu padre?

ABSALÓN   Sólo perdono a mi madre.
Tengo tal inclinación,
que con quien celebra bodas,
envidiando su vejez,   190
me enamoro; y ya habrá vez
en que he de gozallas todas.

AMÓN   La belleza y la locura
son hermanas; eres bello,
y estás loco. A tu cabello   195
atribuye tu ventura,
y no digas desatinos.

ADONÍAS   Ya es de noche. ¿Qué has de hacer?

ABSALÓN   Cierta dama he de ir a ver,
en durmiendo sus vecinos.   200

ADONÍAS   Yo me pierdo por jugar.

AMÓN   Yo, que ni adoro, ni juego,
leeré versos.

ABSALÓN   Buen sosiego.

AMÓN   En esto quiero imitar
a David, pues no le imito   205
en amar, ni en querer tanto.

ABSALÓN   Serás pöeta a lo santo.

ADONÍAS   Los salmos en verso ha escrito,
que es Dios la musa perfeta
que en él influyendo está.   210

ABSALÓN   Misterios escribirá,

	que es pöeta, y es profeta.	
AMÓN	Divinos estáis los dos.	
ABSALÓN	Ya nos vamos a humanar.	
	¿Quiere nos acompañar?	215
AMÓN	No, hermanos, adiós.	
TODOS	Adiós.	

Vanse los dos.

ELIAZER	¿Qué habemos de hacer agora?	
AMÓN	No sé qué se me ha antojado.	
ELIAZER	Mas, si estuvieses preñado...	
AMÓN	Tanta mujer que enamora	220
	a mi padre ausente y viejo,	
	¿qué puede hacer encerrada?	
	Pues es cosa averiguada	
	que la que es de honor espejo	
	en la lealtad y opinión,	225
	en fin es frágil sujeto,	
	y un animal imperfeto.	
JONADAB	Si toda la privación	
	es del apetito madre,	
	deseará su liviandad	230
	al hombre, que es su mitad;	
	y no estando ya tu padre	
	para fiestas, ya lo ves.	
ELIAZER	Iráseles en deseos	
	todo el tiempo, sin empleos	235
	de su gusto.	
JONADAB	Rigor es	
	digno de mirar despacio.	
AMÓN	Bien filosofáis los dos.	
ELIAZER	Lástima tengo, por Dios,	
	a las damas de palacio,	240
	encerradas como en hucha.	
AMÓN	El tiempo está algo pesado,	
	y con la noche y nublado	

la obscuridad que hace es mucha.
¿Quién duda que en el jardín   245
pedirán limosna al fresco
las damas? Lo que apetezco
he de ejecutar en fin;
curioso tengo hoy de ser.

ELIAZER   Pues, ¿qué intentas?

AMÓN   ¿Qué? Saltar   250
aqueste muro, y entrar
dentro del parque, Eliazer,
por ver qué conversación
a las damas entretiene
de palacio.

ELIAZER   Si el Rey viene   255
a saberlo, no es razón
que le enojes, pues no ignoras
que al que aquí dentro cogiese,
por más principal que fuese,
viviría pocas horas;   260
que las casas de los Reyes
gozan de la inmunidad
que los templos.

AMÓN   Es verdad,
mas no se entienden las leyes
con el Príncipe heredero;   265
Príncipe soy de Israel,
el calor que hace es cruel,
y ansí divertirle quiero,
En dando yo en una cosa
ya sabes que he de salir   270
con ella.

JONADAB   Empieza a subir;
mas, siendo tan peligrosa
y de tan poco provecho,
no me parece que es justo.

AMÓN	Provecho es hacer mi gusto.	275
ELIAZER	¿Y después que le hayas hecho?	
AMÓN	Esto ha de ser, vive Dios;	
	vamos los tres a buscar	
	por dónde poder entrar.	
ELIAZER	¿Entrar? ¿Quién?	
AMÓN	Yo, que los dos	280
	fuera me esperaréis.	
ELIAZER	Alto.	
AMÓN	Hacia allí he visto unas hiedras,	
	que abrazadas a sus piedras,	
	aunque el muro está bien alto,	
	de escala me servirán.	285
ELIAZER	Vamos, y a subir empieza;	
	en dándole en la cabeza	
	una cosa, no podrán	
	persuadille a lo contrario	
	catorce predicadores.	290
JONADAB	¡Qué extraños son los señores!	
ELIAZER	Y el nuestro, ¡qué temerario! *Vanse.*	

Salen DINA, *con guitarra, y* TAMAR.

TAMAR	¿Viste jamás tal calor?	
	Aunque tú mejor lo pasas	
	que yo.	
DINA	Pues, ¿por qué mejor?	295
TAMAR	Porque no juntas las brasas	
	del tiempo al fuego de amor.	
	Mas yo, que no puedo más,	
	y a mi amor junto el bochorno,	
	¿qué haré?	
DINA	Donosa estás.	300
TAMAR	¿Qué seré?	
DINA	Serás un horno	
	en que a Joab cocerás	

41

	pan de tiernos pensamientos	
	a sustentarle bastantes	
	contra recelos violentos.	305
TAMAR	Sí, que en eso a los amantes	
	paga Amor sus alimentos.	
DINA	Notable calma; no mueve	
	una hoja el viento siquiera.	
TAMAR	Si aquesta fuente se atreve	310
	a aplacar su furia fiera,	
	que en la taza de oro bebe	
	de su arena aqueste prado,	
	denos su margen asiento.	
DINA	En cojines de brocado,	315
	sus flores de ciento en ciento	
	te ofrecen su real estrado,	
	que, en fin, como eres Infanta,	
	no te contentas con menos.	
TAMAR	Pues traes instrumento, canta,	320
	que en los jardines amenos	
	ansí Amor su mal espanta.	
DINA	Yo no tengo que espantar,	
	que no estoy enamorada;	
	tú al viento puedes llamar,	325
	pues siendo tan celebrada	
	en la música Tamar	
	como en la belleza, a oírte	
	correrá el céfiro manso,	
	alegre por divertirte.	330
TAMAR	¿Lisonjéasme?	
DINA	Descanso	
	si amores llego a decirte.	

Sale AMÓN.

AMÓN	La mocedad no repara	
	en cuanto intenta y procura;	

	la noche mi gusto ampara;	335
	cuanto me entristece obscura
	me alegra esta fuente clara.
	Como no sé dónde voy,
	en cuanto topo tropiezo.
TAMAR	Dina, tristísima estoy.	340
DINA	Cuando yo a cantar empiezo,
	treguas a mis penas doy.
TAMAR	Dame, pues, ese instrumento.
AMÓN	Mi deseo se cumplió;
	aquí hablar mujeres siento.	345
TAMAR	La música se inventó
	en alivio del tormento.
AMÓN	Cantar quieren; no pudiera
	venir a tiempo mejor.
TAMAR	¡Ay, si mi amante me oyera!	350
AMÓN	No hay parte en que no entre Amor;
	hasta aquí llegó su esfera.

Canta.

TAMAR	Ligero pensamiento
	de amor, pájaro alegre
	que viste la esperanza,	355
	de plumas y alas verdes,
	si fuente de tus gustos
	es mi querido ausente,
	donde amoroso asistes,
	donde sediento bebes,	360
	tu vuelta no dilates
	cuando a su vista llegues,
	que me darán tus dichas
	envidia si no vuelves;
	pajarito que vas a la fuente,	365
	bebe y vente.
	Correo de mis quejas

43

serás cuando le lleves
en pliegos de suspiros
sospechas impacientes   370
con tu amoroso pico.
Si en mi memoria duerme,
del sueño de su olvido
es bien que le despiertes;
castígale descuidos,   375
amores le agradece,
preséntale firmezas,
favores le promete;
pajarito que vas a la fuente,
bebe y vente.   380

AMÓN
Qué voz tan apacible,
qué quejas tan ardientes,
qué acentos tan süaves.
Ay Dios, ¿qué hechizo es éste?
A su melifluo canto   385
corrido el viento vuelve,
que en fe que se detuvo
muy bien puede correrse;
y por acompañar
su voz, la hace que temple   390
los tiples de estas hojas,
los bajos de estas fuentes.
Amor, no sé qué os diga,
si vuestro rigor viene
a escuras y de noche   395
porque los ojos cierre.
Como a la voz iguale
la belleza, que suele
ser ángel en acentos
y en rostro ser serpiente,   400
triunfad, niño absoluto,
de un corazón rebelde,

44

si rústico, ya noble,
si libre, ya obediente.

DINA   Vuelve a cantar, señora,   405
si por oírte y verte
el sol, músico ilustre,
que se anticipe quieres.

AMÓN   Si por verla y oírla
sus rayos amanecen,   410
¿quién duda que es hermosa?
¿Quién duda que conviene
su cara con su canto?
Ay Dios, quién mereciese
atestiguar de vista   415
lo que de oídas siente.

TAMAR   La música, ya sabes, es
que al triste le entristece
como al contento alegra;
pues yo, triste y ausente,   420
¿qué he de cantar si lloro?

AMÓN   Entrad, celos crueles,
servid de rudimentos
con que mi amor comience;
¿mujer ausente y firme?   425
¿celoso yo y presente?
¿sin ver, enamorado?
¿hoy libre, y hoy con leyes?
O milagrosa fuerza
de un ciego dios que vence,   430
sin ojos y con alas,
cuanto desnudo, fuerte.

DINA   Ansí tu amante goces,
y de sus años cuentes
los lustros a millares,   435
en primavera siempre;
que prosiguiendo alivies

45

	el calor que suspendes,	
	y oyéndote se amansa.	
TAMAR	Va, pues que tú lo quieres.	440

    Canta.

Ay pensamiento mío,
cuánto allá te detienes,
qué leve que te partes,
con qué pereza vuelves;
celosa estoy que goces 445
de mi adorado ausente
la vista, con que aplacas
la ardiente sed de verle.
Si acaso de sus labios
el dulce néctar bebes 450
que labran sus palabras,
y hurtalle algunas puedes,
pajarito que vas a la fuente,
bebe y vente.

AMÓN	¿Hay más apacible rato?	455

Espíritus celestiales,
si entre músicas mortales
ver queréis vuestro retrato,
venid conmigo. Acercarme
quiero un poco. Mas caí. 460

    Cae.

TAMAR	Ay, cielos, ¿quién está aquí?	
AMÓN	Ya es imposible ocultarme,	
	aunque la noche es de suerte	
	que mentir mi nombre puedo,	
	pues con su obscuridad quedo	465
	seguro que nadie acierte	
	ni vea el traje en que estoy.	
TAMAR	¿Qué es esto?	
AMÓN	Deme la mano;	

	hijo soy del hortelano;	
	que he caido; al diabro doy	470
	la musquiña, que la hue	
	ocasión que tropezase	
	en un tronco y me quebrase	
	la espinilla. ¿No me ve?	
DINA	No véis vos por dónde andáis,	475
	¿ y os hemos de ver nosotras?	
AMÓN	Pardios, damas o quillotras,	
	lindamente lo cantáis;	
	oyéraos yo doce días	
	sin dormir.	
TAMAR	¿Haos contentado?	480
AMÓN	Pardios que lo habéis cantado	
	como un gigante Golías	
	Dadme la mano, que peso	
	un monte.	

Aparte   Tomésela.

Bésesela.

	Beséla, y juro en verdá	485
	que a la miel me supo el beso.	
TAMAR	Atrevido sois, villano.	
AMÓN	¿Qué quiere? Siempre se vido	
	ser dichoso el atrevido.	
TAMAR	Al fin, ¿sois el hortelano?	490
AMÓN	Sí, pardiez, y inficionado	
	a mosicas.	
DINA	Buen modorro.	
AMÓN	Pardios, vos tenéis buen chorro;	
	si en la cara os ha ayudado	
	como en la voz la ventura,	495
	con todo os podéis alzar,	
	aunque no se suele hallar	
	con buena voz la hermosura.	

TAMAR	Tosco pensamiento es ése.
AMÓN	¿No suele, aunque esto os espanta, 500
	decirse a la que bien canta,
	'quién te oyese, y no te viese'?
TAMAR	Cumpliráos ese deseo
	la obscuridad que hace agora.
AMÓN	Antes me aburro, señora, 505
	pues ya que os oigo, no os veo.
TAMAR	¿Pues no me habéis conocido?
AMÓN	Sois tantas las que aquí estáis,
	y de día y noche andáis
	pisando el jardín florido, 510
	que, como no me expliquéis
	vueso nombre, no me espanto
	que no os conozca en el canto;
	porque aunque tal vez lleguéis
	a retozarme y me quejo 515
	de más de un pellisco u dos
	que me dáis, quizá, pardios,
	porque el Rey que ya está viejo
	os cumple mal de josticia,
	tiniendo tanta mujer, 520
	soy rudo en el conocer.
TAMAR	¡Qué villano!
DINA	¡Y qué malicia!
TAMAR	¡Fiad burlas de esta gente!
AMÓN	¿Quiéreme decir quién es?
	y llevaréla después 525
	de flor y fruta un presente.
TAMAR	Sois muy hablador.

Quítale el guante de la mano AMÓN.

Aparte AMÓN	El guante
	de la mano le quité
	cuando a besarla llegué.
TAMAR	Vamos.

AMÓN	No se vaya, cante,	530
	ansí le remoce el cielo	
	a David, si es su marido.	
TAMAR	Un guante se me ha caido.	
AMÓN	Debe de estar en el suelo;	
	halléle; pardios, que gano	535
	en hallazgos mucho ya.	
TAMAR	¿Qué es de él?	
AMÓN	Tome.	
TAMAR	Dalde acá.	

Le besa la mano AMÓN.

AMÓN	Beséla otra vez la mano.	
TAMAR	¿Quién tanta licencia os dio,	
	villano?	
AMÓN	Mi dicha sola.	540
TAMAR	Dadme acá el guante.	
AMÓN	Mamóla.	

Vásele a dar, y búrlala.

TAMAR	Luego ¿no le hallastes?	
AMÓN	No.	
TAMAR	¿No gustas de lo que pasa?	
DINA	Buen jardinero.	
AMÓN	¿De amor?	
	¿Que pensáis todo esto es flor?	545
TAMAR	Yo haré que os echen de casa.	
	Vamos.	
DINA	¿Has de ver mañana	
	la boda de Elisa?	
TAMAR	Sí.	
DINA	¿Qué vestido?	
TAMAR	Carmesí.	
AMÓN	Seréis un clavel de grana.	550
	De aquí mis venturas saco.	

	¿Que sin cantar más, se van?	
	¿Sus nombres no me dirán?	
DINA	No, que sois muy gran bellaco.	

Vanse TAMAR *y* DINA.

AMÓN   Agora noche, sí que a oscuras quedo,   555
pues un sol hasta aquí tuve delante.
Libre de amor entré, ya salgo amante;
reíame antes de él, ya llorar puedo.
Ay amorosa voz, obscuro enredo,
cifrad vuestra ventura en sólo un guante,   560
que si iguala a su música el semblante,
victorioso quedáis, yo os lo concedo.
¡Cuando más descuidado, más rendido!
¡Sin saber a quien quiero, enamorado!
¡asaltando murallas y vencido!   565
Mas dichoso saldrá vuestro cuidado,
si sacando quién es por el vestido
la suerte echáis, no en blanco, en encarnado.

Vase.

Salen ABSALÓN, ADONÍAS, ABIGAIL (*reina*) *y* BERSABÉ.

ABIGAIL   ¿Quedaba el Rey mi señor
bueno?

ABSALÓN   Alegre salud goza,   570
que en el bélico furor
parece que se remoza,
y le da sangre el valor.

ABIGAIL   Quitaréle la memoria
de nosotras el deseo   575
del triunfo de esa victoria.

ADONÍAS   Amaros es su trofeo,
conversaros es su gloria.

ABSALÓN   Poca ocasión habrá dado
a que su olvido os espante,   580
pues no sé que se haya hallado

ni en guerra más firme amante,
ni en paz más diestro soldado.
En la más ardua victoria
es vuestro amor buen testigo   585
que tiene, en fe de su gloria,
la espada en el enemigo,
y en vosotras la memoria.

ADONÍAS   Bien sabe eso Bersabé,
y Abigail no lo ignora.   590

AGIGAIL   Que estoy triste sin él, sé.

BERSABÉ   Y yo, que en su ausencia llora
quien vive cuando le ve.

ABIGAIL   ¿Pensáis volveros tan presto
al cerco?

ADONÍAS   Las treguas son   595
tan breves que el Rey ha puesto
que no sufren dilación.

ABSALÓN   Yo mañana estoy dispuesto
a partirme.

ADONÍAS   Y yo también.

ABIGAIL   Escribiré con los dos   600
al Rey, que si quiere bien,
dedique salmos a Dios
seguro en Jerusalén,
y en la guerra no consuma
la plata que peina helada,   605
que aunque su esfuerzo presuma,
el viejo cuelga la espada,
y esgrime sabio la pluma.

ABSALÓN   A ambas cosas se acomoda
mi padre.

BERSABÉ   Galán venís,   610
Absalón.

ABSALÓN   Soy hoy de boda.

BERSABÉ   Y vos, Infante, salís

	para que la corte toda	
	se vaya tras vos perdida.	
ADONÍAS	Autorizamos la fiesta,	615
	que es la novia conocida.	

Salen AMÓN, *muy triste, y* JONADAB *y* ELIAZER.

ELIAZER	¿Qué novedad será ésta,	
	señor?	
AMÓN	Es mudar de vida.	
JONADAB	¿Qué te sucedió que ansí	
	desde que al jardín entraste	620
	ni duermes, ni estás en tí?	
ELIAZER	¿Qué viste cuando llegaste?	
AMÓN	Triste estoy, porque no vi.	
	Dejadme, que de opinión	
	y vida mudar pretendo.	625
	No quiero conversación,	
	porque ya con quien me entiendo	
	sola es mi imaginación.	

Aparte		Ay encarnado vestido,	
		si a verme salieses ya.	630
ABSALÓN		¡O Príncipe!	
ABIGAIL		Amón querido.	
AMÓN		Las treguas que David da	
		a veros nos han traido.	
ADONÍAS		Y agora el casarse Elisa	
		nuevas fiestas ocasiona,	635
		que dan a las galas prisa.	
AMÓN		Merécelo su persona.	
ABSALÓN		Para vos cosa de risa	
		son casamientos y amores.	
AMÓN		No sé lo que en eso os diga.	640

Sale un CRIADO.

| CRIADO | Josefo espera, señores, |

que le honréis.

ADONÍAS   Y él nos obliga
a que le hagamos favores.

ABSALÓN   ¿Venís, Príncipe?

AMÓN   Después,
que tengo que hacer agora.   645

ABSALÓN   Adonías, vamos pues.
                              Vanse si no es AMÓN.

AMÓN   Salid ya encarnada aurora,
postraréme a vuestros pies.
Salid celeste armonía,
que en la voz enamoráis.   650
Vea vuestro sol mi día,
y sepa yo si igualáis
la cara a la melodía.
¿Si mudará parecer?
¿Si trocará la color   655
que mi tercera ha de ser?
¿Si querrá vengarse Amor
de mi libre proceder?
No lo permitáis, dios ciego;
sepa yo, pues que me abraso,   660
quién es la que enciende el fuego.
No hagáis de arrogancias caso,
pues las armas os entrego.
Ya salen acompañando
a los desposados todos.   665

Música, toda la compañía de dos en dos, muy bizarros, y saca TAMAR *un vestido rico de carmesí; y los* NOVIOS *detrás. Dan una vuelta y éntranse.*

Dudo alegre, temo amando.
Ay Amor, por qué de modos
almas estáis abrasando.
Quiero, escondido, de aquí
ver sin ser visto si pasa   670

53

quien me tiraniza ansí.
Ay Dios, ya el fuego me abrasa
de un vestido carmesí.
¿No es ésta de lo encarnado
mi hermana? ¿No es ésta, cielos,   675
Tamar? Buena suerte he echado.
Ay imposibles desvelos,
¡de mi hermana enamorado!
Mal haya el jardín, amén,
la noche triste y obscura,   680
mi vuelta a Jerusalén;
mal haya, amén, mi locura,
que para mal de mi bien
libre me obligó a asaltar
los muros de Amor tirano.   685
Alma, morir y callar,
que siendo amante y hermano
lo mejor es olvidar.
Más vale, cielos, que muera
dentro del pecho esta llama,   690
sin que salga el fuego fuera.
Ausente olvida quien ama,
amor es pasión ligera.
Al cerco quiero partirme,
que a los principios se aplaca   695
la pasión que no es tan firme.

Salen ELIAZER *y* JONADAB.

Eliazer.

ELIAZER   Gran señor.
AMÓN   Saca...
ELIAZER   ¿Qué quieres?
AMÓN   Quiero vestirme
de camino y al campo ir;
prevenme botas y espuelas.   700

JONADAB Postas voy a prevenir.
AMÓN Pero ciego y con pigüelas
¿cómo podrá el sacre huir?
Deja eso; dame un baquero
de tela; sácame un rostro,   705
que hallarme en el sarao quiero.
       Vanse ELIAZER *y* JONADAB.
De imposibles soy un monstruo,
esperando desespero.
Ame el delfín al cantor,
al plátano el persa adore,   710
a la estatua tenga amor
el otro, el bruto enamore
la asiria de más valor,
que de mi locura vana
el tormento es más atroz   715
y la pasión más tirana,
pues me enamoró una voz,
y adoro a mi misma hermana.

Salen ELIAZER *y* JONADAB *con un rostro y baquero.*

JONADAB Aquí están rostro y disfraz.
AMÓN Vísteme, pues; pero quita,   720
que este rigor pertinaz
con la razón precipita
de mi sosiego la paz.
¡Dejadme solo! ¿No os vais?
ELIAZER ¿Qué le habrá dado a este loco?   725
       Vanse ELIAZER *y* JONADAB.
AMÓN Penas, si esto amor llamáis,
en distancia y tiempo poco
su infierno experimentáis.
No quiera Dios que un deseo
desatinado y cruel   730
venza con amor tan feo

55

a un Príncipe de Israel.
Morir es noble trofeo;
incurable es mi dolor.
Pues ya soy vuestro vasallo,   735
ciego Dios, dadme favor,
porque adorar y callallo
son imposibles de amor.   *Vase.*

Salen todos los de la boda, y TAMAR *con ellos, y siéntanse.*

TAMAR   Gocéis, Josefo, el estado
          con Elisa años prolijos,   740
          con la vejez coronado
          de nobles y hermosos hijos,
          fruto de amor sazonado.

JOSEFO   Si vuestra Alteza nos da
          tan felices parabienes,   745
          ¿quién duda que gozará
          nuestra ventura los bienes
          que nos prometemos ya?

ELISA   A lo menos desearemos
          toda esa dicha, señora,   750
          porque con ella paguemos
          lo mucho que desde agora
          a vuestra Alteza debemos.

Sale un CRIADO.

CRIADO   Máscaras quieren danzar.
TAMAR   Dése principio a la fiesta.   755

Siéntanse. Sale AMÓN *de máscara.*

JOSEFO   El cielo juntó en Tamar
          con una hermosura honesta
          un donaire singular.

Danzan, y entretanto AMÓN *de máscara hinca la rodilla al lado de*
*   TAMAR.*

AMÓN	¿De qué sirve entre los dos
	mi rebelde resistencia, 760
	Amor, si en fuerzas sois dios,
	y tiráis con tal violencia
	que al fin me lleváis tras vos?
	Desocupado está el puesto
	de mi imposible tirana; 765
	deudor os soy sólo en esto.
	Qué de estorbos, cruel hermana,
	en mi amor el cielo ha puesto.
Háblale	Por gozar tal conjuntura
	bien me holgara yo, señora, 770
	que casara mi ventura
	una dama cada hora,
	puesto que la noche obscura
	también voluntades casa,
	hecho tálamo un jardín, 775
	donde cuando el tiempo abrasa,
	con voces de un serafín
	hace cielo vuestra casa.
	Yo sé quien antes de veros,
	enamorado de oíros, 780
	los árboles lisonjeros
	movió anoche con suspiros,
	y a vos no pudo moveros.
	Yo sé quien besó una mano
	dos veces, fueran dos mil. 785
	Yo sé...
TAMAR	Fingido hortelano,
	para vuestro mal sutil
	y para mi honor villano,
	ya el engaño he colegido

57

	que en fe de su obscuridad	790
	os hizo anoche atrevido.	
	La sagrada inmunidad	
	del palacio habéis rompido.	
	Pero agradeced que intento	
	no dar a esta fiesta fin	795
	que lastime su contento;	
	que hoy os sirviera el jardín	
	de castigo y de escarmiento.	
AMÓN	De castigo cosa es clara,	
	que vuestro gusto cumplió	800
	mi fortuna siempre avara,	
	pero de escarmiento no.	
	Ojalá que escarmentara	
	yo en mí mismo; mas no temo	
	castigos, que el cielo me hizo	805
	sin temor con tanto estremo	
	que yo mismo el fuego atizo	
	y brasas en que me quemo.	
TAMAR	¿Quién sois vos que habláis ansí?	
AMÓN	Un compuesto de contrarios,	810
	que desde el punto que os vi	
	me atormentan temerarios,	
	y todos son contra mí;	
	una quimera encantada,	
	una esfinge con quien lucho,	815
	un volcán en nieve helada	
	y, en fin, por ser con vos mucho,	
	no vengo, Infanta, a ser nada.	
TAMAR	¿Viose loco semejante?	
AMÓN	Yo sé que anoche perdistes	820
	porque yo ganase un guante;	
	la mano que a un pastor distes	
	dalda agora a un noble amante.	
TAMAR	Máscara descomedida,	

58

	levantáos luego de aquí,	825
	que haré quitaros la vida.	
AMÓN	Esa anoche la perdí;	
	tarde vendrá quien la pida.	
	Mas pues no es bien que a un villano	
	más favor de noche hagáis	830
	que a un ilustre cortesano,	
	que queráis, o no queráis,	
	os he de besar la mano. *Bésala, y vase.*	
TAMAR	Hola, matadme ese hombre,	

Levántanse todos, alborotados.

	dejad la fiesta, seguilde.	835
JOSEFO	¿Qué tienes, qué hay que te asombre?	
TAMAR	No me repliquéis, herilde,	
	dalde muerte, o dadme nombre	
	de desdichada.	
ELISA	Dejemos	
	el sarao, que hacer es justo	840
	lo que manda.	
JOSEFO	Siempre vemos	
	que del más cumplido gusto	
	son pesares los estremos.	

Fin de la primera jornada.

JORNADA SEGUNDA

Sale vistiéndose muy melancólico AMÓN *con ropa, y montera,
y* ELIAZER, *y* JONADAB.

JONADAB	No lo aciertas, gran señor,
	en levantarte.
AMÓN	Es la cama
	potro para la paciencia.
ELIAZER	Un discreto la compara
	a los celos.
AMÓN	¿De qué modo?
ELIAZER	De la suerte que regalan
	cuando pocos; si son muchos,
	o causan flaqueza, o matan.
AMÓN	Bien has dicho. ¡Hola!
JONADAB	Señor.
AMÓN	Dalde cien escudos.
ELIAZER	Pagas
	como príncipe, no sólo
	las obras, mas las palabras.

Quiérele dar aguamanos.

AMÓN	¿Qué es esto?
JONADAB	Darte aguamanos.
AMÓN	Si con fuego me lavara,
	pudiera ser que estuviera
	mejor, pues me abrasa el agua.
	Dime algo que me entretenga.
	¿Qué es la causa de que callas
	tanto, Eliazer?
ELIAZER	No sé cómo
	darte gusto; ya te enfadas
	con que hablando te diviertan,

5

10

15

20

	ya darte música mandas,	
	ya a los que te hablan despides,	
	y riñes a quien te canta.	
JONADAB	Esta tu melancolía	25
	tiene, señor, lastimada	
	a toda Jerusalén.	
ELIAZER	No hay caballero ni dama,	
	que a costa de alguna parte	
	de su salud no comprara	30
	la tuya.	
AMÓN	¿Quiérenme mucho?	
JONADAB	Como a su Príncipe.	
AMÓN	Basta,	
	no me habléis más en mujeres.	
	Pluguiera a Dios que se hallara	
	medio con que conservar	35
	la naturaleza humana	
	sin haberlas menester.	
	¿Vino el médico?	
JONADAB	¿No mandas	
	que ninguno te visite?	
AMÓN	Si supieran como parlan	40
	no estuviera enfermo yo.	
ELIAZER	No estudian, señor, palabra;	
	sangrar y purgar son polos	
	de su ciencia.	
AMÓN	¿Y su ganancia?	
JONADAB	Todo es seda, ámbar y mulas.	45
	Si dos de ellos enviara	
	a Egipto o Siria David,	
	con solas plumas mataran	
	más que su ejército todo.	
ELIAZER	Juntáronse ayer en casa	50
	de Délbora seis doctores,	
	que ha días que está muy mala,	

para consultar entre ellos
la enfermedad, y aplicarla
algún remedio eficaz.   55
Apartáronse a una sala,
echando la gente de ella;
diole gana a una criada
(que bastaba ser mujer),
de escuchar lo que trataban,   60
y cuando tuvo por cierto
que del mal filosofaran
de la enferma, y experiencias
acerca de él relataran,
oyó preguntar al uno: 65
'Señor doctor, ¿qué ganancia
sacará vuesa merced
una con otra semana?'
Respondió: 'Cincuenta escudos,
con que he comprado una granja,   70
veinte alanzadas de viñas,
y un soto en que tengo vacas.
Pero no me descontenta
el buen gusto de las casas
que tuvo vuesa merced.'   75
Dijo otro: 'Son celebradas.
No sé qué hacer del dinero
que gano. Cosa extremada
es ver que, sin ser verdugos,
porque matamos nos pagan.'   80
'Dejad eso,' replicó
otro, 'y decid de qué traza
os fue en el juego de anoche.'
'Perdí, son suertes voltarias
las de los dados. ¿Mas vos   85
jugáis?' 'Con una muchacha,'
respondió, 'de catorce años.

Fuila a ver una mañana,
enferma de opilaciones;
halléla sola en la cama,   90
tentéla el pulso y los pechos,
y esto del tacto arrebata
los apetitos tras sí.
Díjela ciertas palabras,
que luego puse por obra,   95
y, al fin, ya está gorda y sana.
Hale parecido bien
mi olor, talle, gusto y habla,
y de mi amor está enferma.'
'¿Gozáisla?' 'No, sino el alba.   100
Estremado es nuestro oficio;
no hay para él puerta cerrada,
ni más segura ocasión.
La mujer más recatada
que da a quien muere por ella   105
adarme y medio de cara
tras un año de servicios,
por un manto alambicada
nos abre al primer achaque
puerta al apetito franca,   110
haciendo brindis al gusto
moza y desnuda en la cama.
Aquí no entra el refrán,
pues en nuestro oficio se halla
juntamente honra y provecho.'   115
'Yo, a lo menos, si reinara,'
dijo otro, 'no consintiera
sino que eunucos curaran,
o mujeres a mujeres
y hombres a hombres.' 'Dejara   120
yo el oficio,' respondió
el otro, 'que no hay ganancia

igual a tener derecho
a doncellas y casadas.'
'¿Pero tenéis muchos libros?'   125
'Doscientos cuerpos no bastan
con cuatro dedos de polvo,
que ni ellos hablan palabra,
ni yo las que encierran miro.
Ostentación y ignorancia   130
nos han dado de comer.
Más ha de cuatro semanas
que no hojeo sino son
pechugas de pavos blancas,
lomos de gazapos tiernos,   135
y con pimienta y naranja,
perdiz, pichón y vaquita;
ansí a la ternera llaman
los hipócritas al uso.
Pero lo parlado basta;   140
vamos a ver nuestra enferma,
que estará muy confiada
en nuestra consulta.' Fueron,
y dijo el de mayor barba:
'Lo que se saca de aquí   145
es que al momento se haga
una fricación de piernas,
y por todas las espaldas
le echen catorce ventosas,
las tres o cuatro sajadas.   150
Pónganle en el corazón
un socrocio y fomentada
con manteca de azahar.
Tenga en el cielo esperanza,
que la consulta de hoy   155
la ha de dar tan presto sana
que a estos señores doctores

tenga después que dar gracias.'
Diéronles doscientos reales,
y volviéronse a sus casas,   160
tan medrados de la junta
como te he contado.

AMÓN   Calla,
relator impertinente,
que me atormentas y cansas;
¿es posible que hables tanto?   165

ELIAZER   Tú, señor, ¿no me lo mandas?
Si callo te doy pesar,
en hablando me amenazas.
Dios te dé sosiego y gusto.

AMÓN   ¿Qué es aquello? Hola, ¿quién canta?   170

JONADAB   Músicos que recebistes,
para que sus consonancias
tu melancólico humor
alivien.

AMÓN   Industria vana.

Cantan de dentro.

Pajaricos que hacéis al alba   175
con lisonjas alegre salva,
cantalde a Amón,
que tristezas le quitan la vida,
y no saben si son de amor,
y no sabe si de amor son.   180

AMÓN   Hola, Eliazer, Jonadab,
echaldos por las ventanas,
daldos muerte, sepultaldos,
haciendo ataúd las tablas
de sus necios instrumentos;   185
tendrán sepultura honrada
como gusanos de seda
en sus capullos.

JONADAB ¡Qué extraña
pasión de melancolía!

AMÓN ¿No imitan en una casa 190
a su señor los criados?
¿Yo llorando, y ellos cantan?
¿Mi enfermedad los alegra?

Sale un MAESTRO DE ARMAS.

ELIAZER Aquí está el maestro de armas
que viene a darte lición. 195

AMÓN Dadme pues la negra espada;
aunque, pues se queda en blanco
mi nunca verde esperanza,
mejor que la espada negra
pudiera jugar la blanca. 200

MAESTRO Vuelva el cielo, gran señor,
los colores a tu cara,
que la tristeza marchita,
con la salud que te falta.

AMÓN Retórico impertinente, 205
el que es diestro jamás habla.
Jugad las armas callando,
o no os preciéis de las armas.

MAESTRO Perdóneme vuestra Alteza.
Dije en la lición pasada 210
que con estas dos posturas
al enemigo se ganan
medio pie de tierra.

AMÓN Siete,
que son los que a un cuerpo bastan,
cuando os haya muerto a vos 215
darán quietud a mis ansias.

Da tras él.

MAESTRO ¿Qué es lo que hace vuestra Alteza?

66

AMÓN	Castigar vuestra arrogancia.
	Necios, el mal que me aflige,
	siendo de amor, no se saca 220
	con bélicos instrumentos.
	Morid todos, pues me matan
	invisibles enemigos.

Tras de todos.

MAESTRO	Huyamos mientras se amansa
	el frenesí de su furia. 225

Huyen todos.

AMÓN	Si hubiera armas que mataran
	la memoria que me aflige,
	¡qué buenas fueran las armas!
	Hola, Eliazer, Jonadab,
	Josefo, Abiatar, Sisara, 230
	¿no hay quien venga a dar alivio
	al tormento que me abrasa?

Salen ELIAZER *y* JONADAB.

JONADAB	Gran señor, sosiégate.
AMÓN	¿Cómo, si es quimera mi alma,
	de contradicciones hecha, 235
	de imposibles sustentada?
	¿No estaba en la cama yo?
	¿Quién me ha cubierto de galas?
	¡Desnudadme presto, presto!
ELIAZER	Tú te vistes y levantas 240
	contra la opinión de todos.
AMÓN	Mentís.
JONADAB	Desnúdale y calla.
AMÓN	¿Yo sedas en vez de luto?
	Ay libertad mal lograda,
	¿muerta vos y yo de fiestas? 245

> Sayal negro, jerga basta
> os tienen de hacer desde hoy
> las obsequias lastimadas.

Suenan cajas dentro.

> ¿Qué es esto?

JONADAB   Gran señor, viene
> tu padre, rey y monarca   250
> de las doce ilustres tribus,
> entre clarines y cajas
> triunfando a Jerusalén,
> después que por tierra iguala
> del idólatra amonita   255
> las ciudades rebeladas.
> Sálenle con bendiciones,
> músicas, himnos y danzas
> a recebir a sus puertas,
> cubiertas de cedro y palma,   260
> los cortesanos alegres,
> y la victoria le cantan
> con que triunfó de Golías
> sus agradecidas damas.
> Sal a darle el parabién,   265
> y con su célebre entrada
> suspenderás tu tristeza.

AMÓN   Al melancólico agravan
> el mal contentos ajenos.
> Idos todos de mi casa,   270
> dejadme a solas en ella
> mientras veis que me acompañan
> desesperación, tristeza,
> locura, imposibles, rabia;
> pues cuando mi padre triunfe,   275
> muerte me darán mis ansias.   *Vase.*

JONADAB   Lastimoso frenesí.

68

ELIAZER	Que no se sepa la causa
	de tanto mal.
JONADAB	¿Si es de amor?
ELIAZER	A sello, ¿quién rehusara 280
	a quien hereda este reino?
JONADAB	No sé, por Dios; mas pues calla
	la ocasión de su tristeza,
	o Amón está loco, o ama. *Vanse.*

Salen marchando con mucha música por una puerta JOAB, ABSALÓN,
ADONÍAS, *y tras ellos* DAVID, *viejo coronado; por otra* ABIGAIL,
TAMAR, BERSABÉ, MICOL, *y* SALOMÓN; *dan vuelta y dice* DAVID.

DAVID	Si para el triunfo es lícito adquirido 285
	después de guerras, levantar trofeos,
	premio, si muchas veces repetido,
	aliento de mis bélicos deseos;
	si tras desenterrar del viejo olvido
	de asirios, madianitas, filisteos, 290
	de Get y de Canaan victorias tantas,
	inexhausta materia a plumas santas;
	si después que los brazos guedejudos
	del líbico león, fuerzas bizarras
	hipérboles venciendo, hicieron mudos 295
	elogios que el laurel convierte en parras,
	y en juvenil edad, miembros desnudos
	galas haciendo las robustas garras
	del oso informe, entre el crespado vello,
	como joyas sus brazos me eché al cuello; 300
	en fin, si tras hazañas adquiridas
	en la robusta edad que amor dilata,
	grabada su memoria en las heridas,
	ejecutoria de quien honras trata,
	agora a ésta pequeña reducidas 305
	cuando a mi edad el tiempo paga en plata
	el oro que le dio juventud leda,

que pues se trueca y pasa ya es moneda,
por sola una corona que he quitado
al amonita rey de los cabellos,   310
cuatro coronas mi valor premiado
en vuestros ocho brazos gano bellos;
quisiera, con sus círculos honrado,
que brotaran de aquéste otros tres cuellos,
y hecha Jerusalén de amor teatro,   315
viera un amante con coronas cuatro.
Ya Rábata, que corte incircuncisa
del amonita fue, rüinas solas
ofrece al tiempo que caduco pisa
montes altivos y cerúleas olas.   320
Ya la tristeza transformada en risa,
muerta Belona, cuatro laureolas
lisonjean mi gozo en sus lazos,
reduciendo mi cuello a vuestros brazos.
Micol querida, que por tantos años   325
a indigno posëedor distes trofeos,
a envidia venganza, a amor engaños,
al tiempo qué contar, y a mí deseos,
dadme entre esos abrazos desengaños,
como yo a vuestras aras filisteos   330
sus prepucios al rey incircuncisos,
plumas al sabio y a la fama avisos.
Discreta Abigäil, a quien el cielo
gracias de aplacar cóleras ha dado,
del bárbaro pastor en el Carmelo   335
premio no merecido ni estimado,
en esos brazos, polos del consuelo,
en quien vive mi amor depositado,
descanse mi vejez, que pues los goza,
si largos años cuenta, ya está moza.   340
Hermosa Bersabé, ninfa del baño,
que sirviéndoos de espejo en fuentes frías,

brillando el sol en ellas, de un engaño
dieron causa a un pequé lágrimas mías,
ya se restaura en vos el mortal daño   345
del mal logrado por leal Urías,
pues dais quien edifique templo al Arca,
paz a los tiempos y a Isräel monarca.
Y vos, mi Salomón, noble sujeto
en quien Dios ciencia infusa deposite,   350
de la fábrica célebre arquiteto
que la gloria de Dios en niebla imite,
el líbano de Hirán, grato y discreto,
cedros os corta donde eterna habite
la incorrupción que el tiempo no maltrata;   355
con oro os sirve Ofir, Tarsis con plata.
Bellísima Tamar, hija querida,
cárcel del sol en vuestras hebras preso,
dichosa mi victoria reducida
al triunfo que con veros intereso,   360
¿cómo estáis?

TAMAR   Dando albricias a la vida
que, vos ausente, en contingencia al seso,
gran señor, puso.

ABIGAIL   Y yo a mi deseo
pagando costas, pues que sano os veo.

DAVID   ¿Estáis, mi Abigail, buena?

ABIGAIL   A serviros   365
dispuesta, gran señor, eternamente.

DAVID   ¿Vos, hermosa Micol?

MICOL   Tristes suspiros
en gozo trueco pues os veo presente.

DAVID   ¿ Y vos, mi Bersabé?

BERSABÉ   De ver veniros
tierno en amores si en valor valiente,   370
rindiéndoos toda el alma por despojos
que a gozaros se asoma por los ojos.

71

DAVID	Esta corona, peso de un talento,	
	o veinte mil ducados, rica y bella,	
	lo fue del amonita que os presento,	375
	alegre en ver que sois las piedras della.	
	Mi general Joab, merecimiento	
	de la fama que envidias atropella,	
	de mi victoria la ocasión ha sido,	
	valiente capitán, si comedido.	380
	A Rábata redujo a tanto aprieto	
	que, cifrando su sed, asoló un pozo;	
	dejó su asalto de llegar a efeto	
	y ser ejecución de su destrozo	
	por avisarme, a la lealtad sujeto,	385
	que a mis victorias aplicase el gozo.	
	De esta conquista que su fe publica,	
	las veces que Israël me la dedica,	
	dalde las gracias de ella.	
JOAB	En esas plantas	
	puesta la boca, quedaré premiado,	390
	pues a mayores glorias me levantas	
	con sólo el nombre, o Rey, de tu soldado.	
	Cuelga ante el Arca con tus armas santas	
	trofeos que a la envidia den cuidado,	
	y al arpa dulce, de tu gusto abismo,	395
	cántate las victorias a ti mismo.	
DAVID	Hablad a mí, Absalón, a mí, Adonías,	
	diestros en guerra, si en la paz galanes.	
ABSALÓN	A tu lado, señor, ¿qué valentías	
	podrán dar luz a ilustres capitanes?	400
SALOMÓN	Dadnos los brazos.	
ABIGAIL	¿Vieron nuestros días,	
	al tremolar hebreos tafetanes,	
	juntar en dos sujetos la ventura	
	el esfuerzo abrazado a la hermosura?	
DAVID	Mi Amón, mi mayorazgo, el primer fruto	405

de mi amor, ¿cómo está?

ABIGAIL   Dando a tu corte
tristeza en verle, a su pesar tributo,
prisa a la muerte que sus años corte,
llanto a sus ojos y a nosotras luto,
pues callando su mal no hay quien reporte   410
la pálida tristeza que enfadosa
gualdas siembra en su cara y hurta rosa.

SALOMÓN   No hay médico tan célebre que acierte
la causa de tan gran melancolía,
ni con música, o juegos se divierte,   415
ni va a cazar, ni admite compañía.

BERSABÉ   A los umbrales llama de la muerte
para dar a tu reino un triste día.

ABIGAIL   Háblale, y el dolor que le molesta
aliviarás. Su cuadra es, señor, ésta.   420

Corren una cortina, y descubren a AMÓN *asentado en una silla
muy triste, la mano en la mejilla.*

DAVID   ¿Qué es esto, amado heredero?
Cuando tu padre dilata
reinos que ganarte trata,
por ser tú el hijo primero,
dejándote consumir   425
de tus imaginaciones,
¿luto al triunfo alegre pones
que me sale a recebir?
Diviértante los despojos
que toda tu corte ha visto.   430
Todo un reino te conquisto;
alza a mirarme los ojos,
llega a enlazar a mi cuello
los brazos, tu gusto admita
esta corona, que imita   435
el oro de tus cabellos.

	Hijo, ¿no quieres hablarme?	
	Alza la triste cabeza,	
	si ya con esa tristeza	
	no pretendes acabarme.	440
ABSALÓN	Hermano, la cortesía	
	¿cuándo no tuvo lugar	
	en vuestro pecho, a pesar	
	de cualquier melancolía?	
	Mirad que el Rey, mi señor,	445
	y padre hablándoos está.	
ADONÍAS	Si Adonías causa da	
	a conservar el amor	
	que en vos mostró la experiencia	
	por él os ruego que habléis	450
	a un monarca que tenéis	
	llorando en vuestra presencia.	
SALOMÓN	No agüéis tan alegre día.	
TODOS	Ah, Príncipe, volvé en vos.	
DAVID	¡Amón!	
AMÓN	¡Oh, válgame Dios,	455

Alza la cabeza muy triste.

	qué impertinente porfía!	
DAVID	¿Qué tienes, caro traslado	
	de este triste original?	
	que en alivio de tu mal,	
	de todo el hebrëo estado	460
	la mitad darte prometo.	
	Gózale, y no estés ansí,	
	pon esos ojos en mí,	
	de todo mi gusto objeto.	
	No se obscurezca el Apolo	465
	de tu cara; el mal despide.	
	¿Qué quieres? Háblame, pide.	
AMÓN	Que os vais, y me dejéis solo.	

DAVID   Si en eso tu gusto estriba,
no te quiero dar pesar;   470
tu tristeza ha de causar
que yo sin consuelo viva.
Aguado has el regocijo
con que Israel se señala;
¿pero qué contento iguala   475
al dolor que causa un hijo?
¿Que no mereciera yo,
aunque fingiéndolo fuera,
una palabra siquiera
de amor? Dirásme que no.   480
Príncipe, ¿un mirarme sólo?
Cruel con mis canas eres.
¿Qué has? ¿Qué sientes? ¿Qué quieres?

AMÓN   Que os vais, y me dejéis solo.

ABSALÓN   El dejarle es lo más cuerdo,   485
pues persuadirle es en vano.

DAVID   ¿Qué vale el reino que gano,
hijos, si al Príncipe pierdo?

Vanse, y al entrarse TAMAR *llámala* AMÓN, *y levántase de la silla.*

AMÓN   ¡Tamar! ¡Ah Tamar! ¡Señora!
¡Ah hermana!

TAMAR   ¿Príncipe mío?   490

AMÓN   Oye de mi desvarío
la causa que el rey ignora.
¿Quieres tú darme salud?

TAMAR   A estar su aumento en mi mano,
sabe Dios, gallardo hermano,   495
con cuánta solicitud
hierbas y piedras buscara,
experiencias aprendiera,
montes ásperos subiera,
filósofos consultara   500

75

para volver a Isräel
un príncipe que la muerte
quitalle pretende.

AMÓN   Advierte,
que no siendo tú crüel,
sin piedras, drogas, ni hierbas,   505
metales, montes o llanos,
está mi vida en tus manos,
y que en ellas la conservas.
Toma este pulso, en él pon

Tómale.

los dedos como instrumento,   510
a cuyo encendido acento
conceptos del corazón
entiendas.

TAMAR   Desasosiego
muestra.

AMÓN   Cáusanle mis penas.
Sangre encierran otras venas;   515
en las mías todo es fuego.
Ay manos que el alma toca,

Tómalas y bésalas.

pagando en besos agravios,
quien se hiciera todo labios
para gloria de esta boca.   520

TAMAR   Por ser tu hermana consiento
los favores que me haces.

AMÓN   Y porque ansí satisfaces
la pena de mi tormento.

TAMAR   Dime ya tu mal. ¡Acaba!   525

AMÓN   Ay hermana, que no puedo;
es freno del alma el miedo.
Darte parte de él pensaba,

	pero vete, que es mejor	
	morir mudo. ¿No te vas?	530
TAMAR	Si determinado estás	
	en eso, sigo tu humor.	
	Voyme, adiós.	
AMÓN	Crueldad extraña.	
	¡Oye!	
TAMAR	Vuelvo.	
AMÓN	Pero vete.	
TAMAR	Alto.	
AMÓN	Vuelve y contaréte	535
	el fiero mal que me engaña.	
TAMAR	Si de una hermana no fías	
	tu secreto, ¿qué he de hacer?	

Aparte

AMÓN	De ser mi hermana y mujer	
	nacen mis melancolías.	540
	¿Posible es que no has sacado	
	por el pulso mi dolor?	
TAMAR	No sé yo que haya doctor	
	que tal gracia haya alcanzado.	
	Si hablando no me lo enseñas,	545
	mal tu enfermedad sabré.	
AMÓN	Pues yo del pulso bien sé,	
	que es lengua, que habla por señas.	
	Pero pues no conociste	
	por el tacto desvarío,	550
	en tu nombre y en el mío,	
	hermana, mi mal consiste.	
	¿No te llamas tú Tamar?	
TAMAR	Este apellido heredé.	
AMÓN	Quítale al Tamar la T,	555
	¿y dirá Tamar?	
TAMAR	Amar.	
AMÓN	Ese es mi mal. Yo me llamo	
	Amón; quítale la N.	

TAMAR	Serás amo.
AMÓN	Porque pene

mi mal es amar; yo amo.   560
Si esto adviertes, ¿qué preguntas?
Ay bellísima Tamar,
amo, y es mi mal amar,
si a mi nombre el tuyo juntas.

TAMAR   Si, como hay similitud   565
entre los nombres, le hubiera
en las personas, yo hiciera
milagros en tu salud.

AMÓN   ¿Amor no es correspondencia?

TAMAR   Ansí le suelen llamar.   570

AMÓN   Pues si entre Amón y Tamar
hay tan poca diferencia,
que dos letras solamente
nos distinguen, ¿porqué callo
mi mal cuando medios hallo   575
que aplaquen mi fuego ardiente?
Yo, mi Tamar, cuando fui
contra el amonita fiero,
y en el combate primero
del Rey mi padre seguí   580
las banderas y el valor,
vi sobre el muro una tarde
un sol bello, haciendo alarde
de sus hazañas amor.
Quedé ciego en la conquista   585
de sus ojos soberanos,
y sin llegar a las manos
me venció sola su vista.
Desde entonces me alistó
Amor entre sus soldados;   590
supe lo que eran cuidados,
que hasta aquel instante no.

Tiré sueldo de desvelos,
sospechas me acompañaron,
imposibles me animaron,   595
quilataron mi amor celos.
Y procurando saber
quién era la causa hermosa
de la pasión amorosa
en que me siento encender,   600
supe que era la princesa,
hija del bárbaro rey,
contraria en sangre y en ley,
si una sola amor profesa.
Y como imposibilita   605
la nuestra el mezclarse, hermana,
sangre idólatra y pagana
con la nuestra isräelita,
viendo mi amor imposible,
a la ausencia remití   610
mi salud, porque crëí
que de su rostro apacible
huyendo, el seso perdido,
a pesar de tal violencia
ejecutara la ausencia   615
los milagros del olvido.
Volvíme a Jerusalén,
dejé bélicos despojos,
quise divertir los ojos
que siempre en su daño ven,   620
pero ni conversaciones,
juegos, cazas o ejercicios
fueron remedios ni indicios
de aplacarse mis pasiones.
Creció mi mal de en día en día   625
con la ausencia, que quien ama
espuelas de amor la llama,

y en fin mi melancolía
ha llegado a tal estremo
que aborrezco lo que pido,   630
lo que me da gusto olvido
y me anima lo que temo.
Aguardé a mi padre el Rey
para que cuando volviese
por esposa me la diese,   635
que aunque de contraria ley,
la nuestra, hermana, dispensa
del Deuteronomio santo,
con que cuando amare tanto
como yo, y casarse piensa   640
con mujer incircuncisa,
ganada en lícita guerra,
la traiga a su casa y tierra,
donde en paz sus campos pisa,
le quite el gentil vestido,   645
y la adorne de otros bellos;
le corte uñas y cabellos,
y pueda ser su marido.
Esta esperanza en sosiego
hasta agora conservé,   650
pero ya, Infanta, que sé
que mi padre a sangre y fuego
la ciudad de quien adoro
destruyó, quedando en ella
muerta mi idólatra bella,   655
sangre por lágrimas lloro.
Este es mi mal, imposible
de sanar, ésta mi historia;
consérvala mi memoria
para hacerla más terrible.   660
Ten piedad, hermana bella,
de mí.

TAMAR	Dios, hermano, sabe
	si cuanto es tu mal más grave
	me aflige más tu querella.
	Mas yo, ¿cómo puedo, Amón, 665
	remediarte?
AMÓN	Bien pudieras,
	si tú, mi Tamar, quisieras.
TAMAR	Ya espero la conclusión.
AMÓN	Mira, hermana de mi vida;
	aunque es mi pasión extraña, 670
	como es niño Amor se engaña
	con cualquier cosa fingida.
	Llora un niño, y a su ama
	pide leche, y dale el pecho
	tal vez otra sin provecho, 675
	donde creyendo que mama
	solamente se entretiene.
	¿No has visto fingidas flores
	que en apariencia y colores
	la vista a engañarse viene? 680
	Juega con la espada negra
	en paz quien la guerra estima,
	engañando con la esgrima
	las armas con que se alegra.
	Hambriento he yo conocido 685
	que de partir y trinchar
	suele más harto quedar
	que los otros que han comido.
	Pues mi amor, en fin, rapaz,
	si a engañarle, hermana, llegas, 690
	si amorosas tretas juegas,
	si tocas cajas en paz,
	si le das fingidas flores,
	si el pecho toma a un engaño,
	si esgrime seguro el daño, 695

si de aparentes favores
trincha el gusto que interesa,
podrá ser, bella Tamar,
que sin que llegue al manjar,
le satisfaga la mesa.   700
Mi princesa mal lograda
fue imagen de tu hermosura;
suspender mi mal procura,
en su nombre transformada.
Sé tú mi dama fingida,   705
consiente que te enamore,
que te ronde, escriba, llore,
cele, obligue, alabe, pida,
que el ser mi hermana asegura
a la malicia sospechas,   710
y mis llamas satisfechas
al plato de tu hermosura
mientras el tiempo las borre,
serás fuente artificial,
que alivia al enfermo el mal,   715
sin beber mientras que corre.

TAMAR   Si en eso estriba, no más,
caro hermano, tu sosiego,
tu gusto ejecuta luego,
que en mí tu dama hallarás,   720
quizá más correspondiente
que la que ansí te abrasó.
Ya no soy tu hermana yo,
preténdeme diligente,
que con industrioso engaño   725
mientras tu hermana no soy,
para que sanes te doy
de término todo este año.

AMÓN   O lengua medicinal,
o manos de mi ventura,   730

82

Bésalas.

	o cielo de la hermosura,	
	o remedio de mi mal.	
	Ya vivo, ya puedo dar	
	salud a mi mortal llama.	
TAMAR	¿Dícesme eso como a dama,	735
	o sólo como a Tamar?	
AMÓN	Como a Tamar hasta agora,	
	mas desde aquí como a espejo	
	de mi amor.	
TAMAR	¿Luego ya dejo	
	de ser Tamar?	
AMÓN	Sí, señora.	740
TAMAR	¿Princesa soy amonita?	
AMÓN	Finge que en tu patria estoy,	
	y que a hablar contigo voy	
	al alcázar donde habita	
	tu padre el rey, que cercado	745
	por el mío está afligido,	
	y yo, en tu amor encendido,	
	después de haberte avisado	
	que esta noche te he de ver,	
	entro atrevido y seguro	750
	por un portillo del muro;	
	y tú, por corresponder	
	con mi amor, a recebirme	
	sales.	
TAMAR	Donosa aventura,	
	comienzo a hacer mi figura;	755
	no haré poco en no reírme.	

Apártanse cada uno por su parte, y luego sale AMÓN,
como que sale de noche.

AMÓN	Entro, pues. Arboles bellos
	de este jardín, cuyas hojas

son ojos, que mis congojas
llora amor por todos ellos,   760
¿habéis visto a quien adoro?
Pero sí, visto la habéis,
pues el ámbar que vertéis,
condensado en gotas de oro,
de su vista le heredáis.   765

TAMAR   ¿Si habrá el Príncipe venido?
¿Sois vos mi bien?

AMÓN   ¿Que he adquirido
el blasón con que me honráis?
Dichoso mi amor mil veces.

TAMAR   ¿Venís solo?

AMÓN   No es discreto   770
el amor que no es secreto.
¿Cómo, amores, no me ofreces
esos brazos amorosos
que con mis suspiros merco,
pues que con los míos os cerco,   775
cielos de amor luminosos?
Zona soy que se corona
con los signos de oro bellos
de esos hermosos cabellos.
Estrellas son de esa zona   780
esos ojos; esas manos,
que al cristal envidia dan,
la vía láctea serán
de mis gustos soberanos.
Ay mis manos, que me abraso,   785

Bésalas.

si a los labios no os arrimo,
con que sus llamas reprimo.
Remediadme.

TAMAR   Paso, paso,

que no os doy tanta licencia.

AMÓN   ¿Dícesme eso como a hermano,   790
o como a amante, que ufano
estoy loco en tu presencia?

TAMAR   Como a hermano y a galán,
que si de veras te abrasas,
las leyes de hermano pasas;   795
y si favores te dan
ocasión de que así estés
la primera vez que vienes
a ver tu dama, no tienes
de medrar por descortés.   800
Basta por agora esto.
¿Cómo te sientes?

AMÓN   Mejor.

TAMAR   Donosas burlas.

AMÓN   De amor.

TAMAR   Ya es sospechoso este puesto.
Vete.

AMÓN   ¿No eres tú mi hermana?   805

TAMAR   El serlo recato pide.

AMÓN   Como a galán me despide.

TAMAR   Vaya, pues esto te sana.

AMÓN   Adiós, dulce prenda.

TAMAR   Adiós.

AMÓN   ¿Queréisme mucho?

TAMAR   Infinito.   810

AMÓN   ¿Y admitís mi amor?

TAMAR   Sí, admito.

AMÓN   ¿Quién es vuestro esposo?

TAMAR   Vos.

AMÓN   ¿Vendré esta noche?

TAMAR   A las once.

AMÓN   ¿Olvidaréisme?

TAMAR   En mi vida.

AMÓN	¿Quedáis triste?	
TAMAR	Enternecida.	815
AMÓN	¿Mudaréisos?	
TAMAR	Seré bronce.	
AMÓN	¿Dormiréis?	
TAMAR	Soñando en vos.	
AMÓN	¡Qué dicha!	
TAMAR	¡Qué dulce sueño!	
AMÓN	Ay mi bien.	
TAMAR	Ay caro dueño.	
AMÓN	Adiós, mis ojos.	
TAMAR	Adiós. *Vase* AMÓN.	820

Ha estado escuchando esto JOAB, *y sale.*

JOAB
    Escuchando de aquí he estado,
aunque a mi pesar, finezas,
requiebros, gustos, ternezas
de un amor desatinado.
¿Usanse entre los hermanos,   825
aun de la gente perdida,
esto de mi bien, mi vida,
ceñir cuellos, besar manos?
¿Ay mi esposa, ay caro dueño?
¿Mudaráste? ¿Seré bronce?   830
¿Vendré esta noche? ¿A las once?
¿Soñaré en tí, dulce sueño?
No sé yo que haya señales
de una hermanada afición
como éstas, si ya no son,   835
Tamar, de hermanos carnales.
En pago de mis hazañas
pedirte al Rey pretendí;
por esta causa emprendí
dificultades extrañas.   840
El primero que asaltó,

a vista del campo hebreo,
con muerte del jebusëo,
muros en Sión fui yo.
Su capitán general   845
el Rey Profeta me hizo,
con que en parte satisfizo
mi pecho noble y leal.
En muestras de este deseo,
siempre que a la guerra fui,   850
partí, llegué, vi y vencí;
y agora llego, entro y veo
amores abominables,
ofensas de Dios, del Rey,
de tu sangre, de tu ley,   855
y con efectos mudables,
olvidados mis servicios,
menospreciado mi amor,
mal pagado mi valor,
y de tu deshonra indicios.   860
Mas gracias a Dios que ha sido
en tiempo que queda en pie
mi honra. Desde hoy haré
altares al cuerdo olvido.
Al Rey diré lo que pasa,   865
como testigo de vista,
pues cuando extraños conquista,
afrentáis propios su casa.
Y mientras hace el olvido
en mi pecho habitación,   870
en el incestuoso Amón
tendrás hermano y marido.

              Vase a ir, y tiénele TAMAR.

TAMAR   Oye, espera, Joab valiente,
ansí alargue Dios tus años,
que escuches los desengaños   875

de un amor sólo aparente.
Si a un loco que con furor
rey se finge, el que es discreto,
por librarse de un aprieto,
le va siguiendo el humor,   880
le intitula majestad,
cual vasallo se le humilla,
le habla hincada la rodilla,
y teme su autoridad;
con que su furia sosiega.   885
A que adviertas te provoco
que está Amón de amores loco,
y que de esta pasión ciega
ha de morir brevemente,
con que a mi padre ha de dar,   890
si no le mata el pesar,
vejez triste y inclemente.
Quiso a una dama amonita
que con los demás murió
cuando a Rábata asaltó   895
la venganza isräelita.
Tiénela en el alma impresa,
y la ama sin esperanza;
dice soy su semejanza,
y que si del mal me pesa   900
que le abrasa, finja ser
la que adora, y cuando venga
con amores le entretenga.
Es mi hermano; sé el poder
del ciego amor que le quema,   905
y para que poco a poco
aplaque el tiempo este loco,
sigo, como ves, su tema.
Mas pues resulta en tu daño
y en riesgo de mi opinión,   910

muérase mi hermano Amón,
y cese desde hoy tu engaño.
Si él ama, yo amo también
las partes de un capitán,
el más valiente y galán   915
que ha visto Jerusalén.
Pídeme a mi padre luego,
que otras hijas ha casado
con vasallos que no han dado
las muestras que en ti a ver llego.   920
Y no ofenda esta maraña
el valor de mi firmeza,
ni un amor en la corteza
que a un enfermo amante engaña.
¿Estás ya desenojado?   925

JOAB   Y juntamente corrido
de haber hoy tan necio sido
que tal de ti haya pensado.
Conozco tu discreción,
y tus virtudes no ignoro;   930
tu honesta hermosura adoro,
y celebro tu opinión.
No haya más celos ni enojos;
perdone a Joab Tamar,
que desde hoy jura no dar   935
crédito ni fe a sus ojos,
si ser tu esposo intereso.

TAMAR   Será premio de mi amor.
JOAB   En fe de aquese favor,
la mano hermosa te beso.   940

Vase; sale AMÓN *cuando le besa la mano.*

AMÓN   Besar la mano donde el labio ha puesto
su Príncipe un vasallo es hecho aleve,
que el vaso se reserva donde bebe,
el caballo, el vestido, y el real puesto.

89

Como hermano es mi agravio manifiesto,   945
como amante a furor mi pecho mueve.
Idolo de mi amor, hermana leve,
¿tan presto atormentar, celos tan presto?
Como amante ofendido y como hermano,
a locura y venganza me provocas;   950
daré la muerte a tu Joab villano.
Y cuando niegues tus mudanzas locas,
desmentiráte tu besada mano,
pues por tener con qué, buscó dos bocas.

TAMAR   Ya sea, Amón, tu hermana, ya tu dama, 955
aquélla verdadera, ésta fingida,
quimeras deja, tu pasión olvida,
que enferma porque tú sanes mi fama.
Si una difunta en mí busca tu llama,
diré que estoy para tu amor sin vida.   960
Si siendo hermana soy de tí oprimida,
razón es que aborrezca a quien me infama.
No me hables más palabras disfrazadas,
ni con engaños tu afición reboces
cuando Joab honesto amor pretenda.   965
Que andamos yo y tu dama muy pegadas,
y no sé yo cómo tu intento goces
sin que la una de las dos se ofenda.   *Vase.*

AMÓN   ¿Ansí te vas, homicida,
con palabras tan resueltas?   970
¿La venda a la herida sueltas
para que pierda la vida?
Pues yo te daré venganza,
crüel, mudable Tamar,
que en fin acabas en mar   975
por ser mar en la mudanza.
Que me abraso, ingratos cielos,
que me da muerte un rigor.

Sale JONADAB.

JONADAB	¿Qué es aquesto, gran señor?	
AMÓN	Mal de corazón, de celos.	980
JONADAB	¿Celos? ¿No sabré yo acaso	
	de quién?	
AMÓN	Sí, que pues me muero	
	no puedo callar, ni quiero.	
	Por Tamar de amor me abraso.	
JONADAB	¿Qué dices?	
AMÓN	No me aconsejes,	985
	dame muerte, que es mejor.	
JONADAB	Desatinado es tu amor;	
	mas para que no te quejes	
	de mi lealtad conocida,	
	tu pasión quiero aliviar.	990
	Pierda su honra Tamar,	
	y no pierdas tú la vida.	
	Fíngete malo en la cama.	
AMÓN	No es mi tormento ficción.	
JONADAB	Disimula tu afición,	995
	y al Rey que te adora llama.	
	Pídele que venga a darte	
	Tamar tu hermana a comer,	
	y cuando esté en tu poder,	
	no tengo que aconsejarte.	1000
	Discreto eres, la ocasión	
	lo que has de hacer te dirá.	
AMÓN	En ese remedio está	
	mi vida o mi perdición.	
	Ve por mi padre. ¿Qué aguardas?	1005
JONADAB	Como andas a tiento Amor,	
	no distingues de color,	
	ni a hermanos respeto guardas. *Vase.*	
AMÓN	Si amor consiste sólo en semejanza	
	y tanto los hermanos se parecen	1010
	que en sangre, en miembros y en valor merecen	

igual correspondencia y alabanza,
¿qué ley impide lo que amor alcanza?
De Adán los mayorazgos nos ofrecen,
siendo hermanos, ejemplos que apetecen   1015
los mismo que apetece mi esperanza.
Perdone, pues, la ley que mi amor priva,
vedando que entre hermanos se conserve,
que la ley natural en contra alego.
Amor, que es semejanza, venza y viva,   1020
que si la sangre, en fin, sin fuego hierve,
¿qué hará sangre que tiene tanto fuego?

Salen DAVID, JONADAB *y* ELIAZER.

DAVID   De que envíes a llamarme,
hijo, arrimo de mi vida,
ya mi tristeza se olvida,   1025
ya vuelves a consolarme.
Habla; no repares; pide.

AMÓN   Padre, mi flaqueza es tanta
que la muerte se adelanta
si tu favor no lo impide.   1030
No puedo comer bocado,
ni hay manjar tan exquisito
que alentando el apetito
mi salud vuelva a su estado.
Como el mal todo es antojos   1035
paréceme, padre, a mí,
que a venir Tamar aquí,
con sólo poner los ojos
y las manos en un pisto,
una sustancia o bebida,   1040
términos diera a la vida,
que ya de camino has visto.
¿Quiere, señor, vuestra Alteza,
concederme este favor

DAVID	Poco pides a mi amor.	1045
	Si ansí alivias tu tristeza,	
	Tamar vendrá diligente.	
AMÓN	Beso tus pies.	
DAVID	Eso es justo.	
AMÓN	Guisa Tamar a mi gusto,	
	y entiéndelo solamente.	1050
DAVID	No le quiero dilatar,	
	voy a llamar a la Infanta.	*Vase.*
AMÓN	Eliazer, dime algo, canta,	
	si alivia a Amor el cantar.	

ELIAZER   *canta.*

Cuando el bien que adoro   1055
los campos pisa,
madrugando el alba,
llora de risa.
Cuando los pies bellos
de mi niña hermosa   1060
pisan juncia y rosa,
ámbar cogen dellos;
va el campo a prendellos
con grillos de flores,
y muerta de amores,   1065
si el sol la avisa,
madrugando el alba,
llora de risa.

Sale TAMAR *con una toalla al hombro, y una escudilla de plata
entre dos platos de lo mismo.*

TAMAR	Mandóme el Rey mi señor	
	que a vuestra Alteza trujese	1070
	de mi mano que comiese	
	porque conozco su humor.	

Ya no tendrá buen sabor
si de gusto no ha mudado,
porque aunque yo lo he guisado,   1075
si llaman gracia a la sal,
yo vendré, Príncipe, tal
que no estará sazonado.

AMÓN   Jonadab, salte allá afuera;
cierra la puerta, Eliazer,   1080

Vanse éstos.

que a solas quiero comer
manjares que el alma espera.

TAMAR   Lo que haces considera.

AMÓN   No hay ya que considerar.
Tú sola has de ser manjar   1085
del alma a quien avarienta
tanto ha que tienes hambrienta,
pudiéndola sustentar.

TAMAR   Caro hermano, que harto caro
me saldrás si eres cruel,   1090
príncipe eres de Isräel;
todos están en tu amparo.
Mi honra es espejo claro
donde me remiro y precio;
no sufrirá su desprecio   1095
si le procuras quebrar,
ni tú otro nombre ganar
que de amante torpe y necio.
Tu sangre soy.

AMÓN   Ansí te amo.

TAMAR   Sosiega.

AMÓN   No hay sosegar.   1100

TAMAR   ¿Qué quieres?

AMÓN   Tamar, amar.

TAMAR   Detente.

AMÓN   Soy Amón, amo.

94

TAMAR	¿Si llamo al Rey?
AMÓN	A Amor llamo.
TAMAR	¿A tu hermana?
AMÓN	Amores gusto.
TAMAR	Traidor.
AMÓN	No hay amor injusto. 1105
TAMAR	¿Tu ley?
AMÓN	Para amor no hay ley.
TAMAR	¿Tu Rey?
AMÓN	Amor es mi Rey.
TAMAR	¿Tu honor?
AMÓN	Mi honor es mi gusto.

Fin de la segunda jornada.

JORNADA TERCERA

Salen AMÓN *echando a empellones a* TAMAR, *y* ELIAZER,
y JONADAB.

AMÓN	Vete de aquí, salte fuera,	
	veneno en taza dorada,	
	sepulcro hermoso de fuera,	
	arpía que en rostro agrada,	
	siendo una asquerosa fiera.	5
	Al basilisco retratas,	
	ponzoña mirando arrojas;	
	no me mires que me matas,	
	vete, monstruo, que me aojas,	
	y mi juventud maltratas.	10
	¿Que yo te quise es posible?	
	¿Que yo te tuve afición?	
	Fruta de Sodoma horrible,	
	en la médula carbón	
	si en la corteza apacible,	15
	sal fuera, que eres horror	
	de mi vida y su escarmiento.	
	Vete, que me das temor.	
	Más es mi aborrecimiento	
	que fue mi primero amor.	20
	Hola, echádmela de aquí.	
TAMAR	Mayor ofensa y injuria	
	es la que haces contra mí,	
	que fue la amorosa furia	
	de tu torpe frenesí.	25
	Tirano de aquese talle,	
	doblar mi agravio procura,	
	hasta que pueda vengalle.	
	Mujer gozada es basura.	

	Haz que me echen en la calle,	30
	ya que ansí me has deshonrado;	
	lame el plato en que has comido	
	un perro al suelo arrojado;	
	di que se ponga el vestido	
	que has roto ya algún criado;	35
	honra con tales despojos,	
	a quien se empleó en servirte,	
	y a mí dame más enojos.	
AMÓN	¡Quién por no verte ni oírte	
	sordo naciera y sin ojos!	40
	¿No te quieres ir, mujer?	
TAMAR	¿Dónde iré sin honra, ingrato,	
	ni quién me querrá acoger,	
	siendo mercader sin trato	
	deshonrada una mujer?	45
	Haz de tu hermana más cuenta,	
	ya que de ti no la has dado.	
	No añadas afrenta a afrenta,	
	que en cadenas del pecado	
	perece quien las aumenta.	50
	Tahur de mi honor has sido,	
	ganado has por falso modo	
	joyas que en vano te pido.	
	Quítame la vida y todo,	
	pues yo lo más he perdido.	55
	No te levantes tan presto,	
	pues es mi pérdida tanta	
	que aunque el que pierde es molesto,	
	el noble no se levanta	
	mientras en la mesa hay resto.	60
	Resto hay de la vida, ingrato,	
	pero es vida sin honor,	
	y ansí de perderla trato.	
	Acaba el juego, traidor;	

	dame la muerte en barato.	65
AMÓN	Infierno ya no de fuego,	
	pues helando me atormentas,	
	sierpe, monstruo, vete luego.	
TAMAR	El que pierde sufre afrentas	
	porque le mantengan juego;	70
	mantenme juego, tirano,	
	hasta acabar de perder	
	lo que queda. Alza, villano,	
	la mano, quítame el ser,	
	y ganarás por la mano.	75
AMÓN	¿Vióse tormento como éste?	
	Hola, ¿no hay ninguno ahí?	
	¿Que esto un desatino cueste?	

Salen ELIAZER *y* JONADAB.

ELIAZER	¿Llamas?	
AMÓN	Echadme de aquí	
	esta víbora, esta peste.	80
ELIAZER	¿Víbora? ¿Peste? ¿Qué es de ella?	
AMÓN	Llevadme aquesta mujer;	
	cerrad la puerta tras ella.	
JONADAB	Carta Tamar viene a ser;	
	leyóla, y quiere rompella.	85
AMÓN	Echalda en la calle.	
TAMAR	Ansí	
	estará bien, que es razón,	
	ya que el delito fue aquí,	
	que por ellas dé un pregón	
	mi deshonra contra tí.	90
AMÓN	Voyme por no te escuchar. *Vase.*	
JONADAB	Extraño caso, Eliazer,	
	¿tal odio tras tanto amar?	
TAMAR	Presto, villano, has de ver	
	la venganza de Tamar. *Vanse.*	95

Salen ABSALÓN *y* ADONÍAS.

ABSALÓN   Si no fueras mi hermano, o no estuvieras
en palacio, ambicioso, brevemente
hoy con la vida, bárbaro, perdieras
el deseo atrevido y imprudente.

ADONÍAS   Si en tus venas la sangre no tuvieras   100
con que te honró mi padre indignamente,
yo hiciera que quedándose vacías,
de púrpura calzaran a Adonías.

ABSALÓN   ¿Tú pretendes reinar, loco, villano?
¿Tú, muerto Amón del mal que le consume,   105
subir al trono aspiras soberano
que en doce tribus su valor resume?
¿Que soy, no sabes, tu mayor hermano?
¿Quién competir con Absalón presume,
a cuyos pies ha puesto la ventura   110
el valor, la riqueza y la hermosura?

ADONÍAS   Si el reino isräelita se heredara
por el más delicado, tierno y bello,
(aunque no soy yo monstruo en cuerpo y cara),
a tu yugo humillara el reino el cuello;   115
cada tribu hechizado se enhilara
en el oro de Ofir de tu cabello,
y convirtiendo hazañas en deleites,
te pecharan en cintas y en afeites.
Redujeras a damas tu consejo,   120
a trenzas tu corona, y a un estrado
el solio de tu ilustre padre viejo,
las armas a la holanda y al brocado.
Por escudo tomaras un espejo,
y de tu misma vista enamorado,   125
en lugar de la espada a que me aplico,
esgrimieras tal vez el abanico.
Mayorazgo te dio naturaleza

con que los ojos de Isräel suspendes.
El cielo ha puesto renta en tu cabeza, 130
pues sus madejas a las damas vendes,
cada año haciendo esquilmos tu belleza
cuando aliviarla de su peso entiendes;
repartiendo por tiendas su tesoro,
se compran en doscientos siclos de oro. 135
De tu belleza ser el rey procura;
déjame a mí a Isräel, que haces agravio
a tu delicadeza, a tu blandura.

ABSALÓN   Cierra, villano, el atrevido labio.
Que el reino se debía a la hermosura, 140
a pesar de tu envidia, dijo un sabio,
señal que es noble el alma que está en ella,
que el huésped bello habita en casa bella.
Cuando mi padre al enemigo asalta,
no me quedo en la corte dando al ocio 145
lascivos años, ni el valor les falta
que con mis hechos quilatar negocio.
Mi acero incircuncisa sangre esmalta;
la guerra que jubila al sacerdocio
en mis hazañas enseñar procura 150
cuán bien dice el valor con la hermosura.
¿Mas, para qué lo que es tan cierto he puesto
en duda con razones? Haga alarde
la espada contra quien te has descompuesto
si, porque soy hermoso, soy cobarde. 155

ADONÍAS   Por adorno, no más, te la habrás puesto.
No la saques, ansí el amor te guarde,
que te desmayarás si la ves fuera.

ABSALÓN   Si no saliera el Rey...

ADONÍAS   Si no saliera...

Salen el Rey DAVID, *y* SALOMÓN.

DAVID   Bersabé, vuestra madre, me ha pedido 160

por vos, mi Salomón. Creced, sed hombre,
que si amado de Dios sois y querido,
conforme significa vuestro nombre,
yo espero en el que al trono real subido
futuros siglos vuestra fama asombre.   165

SALOMÓN   Vendráme, gran señor, esa alabanza
por ser de vos retrato y semejanza.

DAVID   ¿Príncipes?

ABSALÓN   ¿Gran señor?

DAVID   ¿En qué se entiende?

ADONÍAS   La paz ocupa el tiempo en novedades;
galas la mocedad al gusto vende,   170
si el desengaño a la vejez verdades.

ABSALÓN   La caza que del ocio nos defiende
nos convida a correr sus soledades.
Esta trazamos, y tras ella fiestas.

DAVID   Válgame Dios, ¿qué voces serán éstas?   175

Sale TAMAR *descabellada y de luto.*

TAMAR   Gran Monarca de Israël,
descendiente del león,
que para vengar injurias
dio a Judá el viejo Jacob,
si lágrimas, si suspiros,   180
si mi compasiva voz,
si lutos, si menosprecios
te mueven a compasión,
y cuando aquesto no baste,
si el ser hija tuya yo,   185
a que castigues te incita
al que tu sangre afrentó,
por los ojos vierto el alma,
luto traigo por mi honor,
suspiros al cielo envío   190
de inocencias vengador.

Cubierta está mi cabeza
de ceniza, que un amor
desatinado, si es fuego,
sólo deja en galardón   195
cenizas que lleva el aire.
Mas aunque cenizas son,
no quitarán mancha de honra,
sangre sí, que es buen jabón.
La mortal enfermedad   200
del torpe Príncipe Amón
peste de la honra fue;
pegóme su contagión.
Que le guisase mandaste
alguna cosa a sabor   205
de su postrado apetito.
Ponzoña fuera mejor.
Sazonéle una sustancia,
mas las sustancias no son
de provecho si se oponen   210
accidentes de afición.
Estaba el hambre en el alma,
y en mi desdicha guisó
su desvergüenza mi agravio.
Sazonóle la ocasión,   215
y sin advertir mis quejas
ni el proponelle que soy
tu hija, Rey, y su hermana,
su estado, su ley, su Dios,
echando la gente fuera   220
a puerta cerrada entró
en el templo de la fama
y sagrado del honor.
Aborrecióme ofendida;
no me espanto, que al fin son   225
enemigas declaradas

la esperanza y posesión.
Echóme injuriosamente
de su casa el violador,
oprobios por gustos dando,   230
paga, en fin, de tal señor.
Deshonrada por sus calles
tu corte mi llanto oyó;
sus piedras se compadecen,
cubre sus rayos el sol   235
entre nubes por no ver
caso tan fiero y atroz.
Todos te piden justicia;
justicia, invicto señor.
Dirás que es Amón tu sangre;   240
el vicio la corrumpió.
Sángrate de ella si quieres
dejar vivo tu valor.
Hijos tienes herederos,
semejanza tuya son   245
en el esfuerzo y virtudes.
No dejes por sucesor
quien deshonrando a su hermana
menoscabe tu opinión,
pues mejor afrentará   250
los que sus vasallos son.
Ea, sangre generosa
de Abrahán, si su valor
contra el inocente hijo
el cuchillo levantó,   255
uno tuvo, muchos tienes,
inocente fue, Amón no.
A Dios sirvió ansí Abrahán,
ansí servirás a Dios;
véncete Rey a ti mismo,   260
la justicia a la pasión

se anteponga, que es más gloria
que hacer piezas al león.
Hermanos, pedid conmigo
justicia; bello Absalón,   265
un padre nos ha engendrado,
una madre nos parió.
A los demás no les cabe
de mi deshonra y baldón
sino sola la mitad;   270
mis medios hermanos son,
vos lo sois de padre y madre;
entera satisfacción
tomad, o en eterna afrenta
vivid sin fama desde hoy.   275
Padre, hermanos, israelitas,
calles, puertas, cielos, sol,
brutos, peces, aves, plantas,
elementos, campos, Dios,
justicia os pido a todos de un traidor,   280
de su ley y su hermana violador.

DAVID   Alzad, Infanta, del suelo.
Llamadme al Príncipe Amón.
¿Esto es, cielos, tener hijos?
Mudo me deja el dolor;   285
hablad, ojos, si podéis,
sentid mi mal, lenguas sois;
lágrimas serán palabras
que expliquen al corazón.
Rey me llama la justicia,   290
padre me llama el amor,
uno obliga y otro impele;
¿cuál vencerá de los dos?

ABSALÓN   Hermana, nunca lo fueras.
Da lugar a la razón;   295
pues no le halla la venganza,

freno a tus lágrimas pon.
Amón es tu hermano y sangre,
a sí mismo se afrentó.
Puertas adentro se quede   300
mi agravio y tu deshonor.
Mi hacienda está en Efraín,
granjas tengo en Bahalasor;
casas fueron de placer,
ya son casas de dolor.   305
Vivirás conmigo en ellas,
que mujer sin opinión
no es bien que en cortes habite,
muerta su reputación.
Vamos a ver si los tiempos   310
tan sabios médicos son,
que con remedios de olvido
dan alivio a tu dolor.

TAMAR Bien dices; viva entre fieras
quien entre hombres se perdió,   315
que a estar con ellas yo sé
que no muriera mi honor.   *Vase.*

Aparte ABSALÓN Incestüoso tirano,
presto cobrará Absalón,
quitándote vida y reino,   320
debida satisfacción.   *Vase.*

ADONÍAS A tan portentoso caso
no hay palabras, no hay razón
que aconsejen y consuelen.
Triste y confuso me voy.   *Vase.* 325

SALOMÓN La Infanta es hermana mía,
del Príncipe hermano soy;
la afrenta de Tamar siento;
temo el peligro de Amón.
El Rey es santo y prudente;   330
el suceso causa horror.

Más vale dar con el tiempo
lugar a la admiración.   *Vase.*

Sale temeroso AMÓN, *y* DAVID *esté llorando.*

AMÓN   El Rey mi señor me llama.
              ¿Iré ante el Rey mi señor?   335
              ¿Su cara osaré mirar
              sin vergüenza ni temor?
              Temblando estoy a la nieve
              de aquellas canas, que son
              los pecados frías cenizas   340
              del fuego que encendió amor.
              ¡Qué animoso antes del vicio
              anda siempre el pecador!
              ¡Cometido, qué cobarde!
DAVID   ¿Príncipe?
AMÓN   A tus pies estoy.   345

              De rodillas, lejos.

Aparte DAVID ¿No ha de poder la justicia
              aquí más que la afición?
              Soy padre; también soy Rey.
              Es mi hijo; fue agresor.
              Piedad sus ojos me piden,   350
              la Infanta satisfacción.
              Prenderéle en escarmiento
              de este insulto. Pero no;
              levántase de la cama;
              de su pálido color   355
              sus temores conjeturo.
              ¿Pero qué es de mi valor?
              ¿Qué dirá de mí Isräel
              con tan necia remisión?
              Viva la justicia y muera   360

el Príncipe violador.
¿Amón?

AMÓN   Amoroso padre.

DAVID   El alma me traspasó;
padre amoroso me llama,
socorro pide a mi amor.   365
Pero muera. ¿Cómo estás?

Vuelve a él furioso, y en viéndole se enternece.

AMÓN   Piadoso padre, mejor.

DAVID   En mirándole es de cera
mi enojo, y su cara es sol.
El adulterio homicida   370
con ser Rey me perdonó
el justo Juez, porque dije
un pequé de corazón.
Venció en él a la justicia
la piedad. Su imagen soy.   375
El castigo es mano izquierda,
mano es derecha el perdón.
Pues ser izquierdo es defeto.
Mirad, Príncipe, por vos;
cuidad de vuestro regalo.   380
¡Ay prenda del corazón!   *Vase.*

Levántase AMÓN.

AMÓN   Oh poderosas hazañas
del amor, único Dios,
que hoy a David ha vencido,
siendo Rey y vencedor.   385
Que mirase por mí dijo;
blandamente me avisó.
El castigo del prudente
es la tácita objeción;
temió darme pesadumbre.   390

Por entendido me doy;
yo pagaré amor tan grande
con no ofendelle desde hoy.　　　*Vase.*

Sale ABSALÓN *solo.*

ABSALÓN　¿Que una razón no le dijo
en señal de sus enojos?　　　　　　　　395
¿Ni un severo mirar de ojos?
Hija es Tamar, si él es hijo.
Mas no importa, que ya elijo
la justa satisfacción
que a mi padre la pasión　　　　　　　400
de amor ciega, pues no ve.
Con su muerte cumpliré
su justicia y mi ambición.
No es bien que reine en el mundo
quien no reina en su apetito.　　　　　405
En mi dicha y su delito
todo mi derecho fundo.
Hijo soy del Rey segundo;
ya por sus culpas primero.
Hablar a mi padre quiero　　　　　　　410
y del sueño despertalle
con que ha podido hechizalle
amor siempre lisonjero.
Aquí está, ¿pero qué es esto?

Tira una cortina, y descubre un bufete, y sobre él una fuente,
y en ella una corona de oro de rey.

¿La corona en una fuente　　　　　　　415
con que ciñe la real frente
mi padre grave y compuesto?
La mesa el plato me ha puesto
que ha tanto que he deseado.
Debo de ser convidado;　　　　　　　420

si el reinar es tan sabroso,
como afirma el ambicioso,
no es de perder tal bocado.
Amón no os ha de gozar,
cerco en quien mi dicha encierro,   425
que sois vos de oro, y fue yerro
el que deshonró a Tamar.
Mi cabeza quiero honrar
con vuestro círculo bello.
Mas rehusaréis el hacello,   430
pues aunque en ella os encumbre,
temblaréis de que os deslumbre
el oro de mi cabello.

     Corónase.

Bien me estáis; vendréisme ansí
nacida, y no digo mal,   435
pues nací de sangre real,
y vos nacéis para mí.
¿Sabréos yo merecer? Sí.
¿Y conservaros? También.
¿Quién hay en Jerusalén   440
que lo estorbe? ¿Amón? Matalle.
¿Mi padre que ha de vengalle?
Matar a mi padre.

DAVID	¿A quién?

Saca la espada, sale al encuentro DAVID, *y hállale coronado.*

ABSALÓN	¡Ay cielos! A quien no es	
	vasallo de vuestra Alteza.	445

     De rodillas.

DAVID	Coronada tu cabeza,
	no dices bien a mis pies.
ABSALÓN	Pienso heredarte después,
	que anda el Príncipe indispuesto.

DAVID	Hástela puesto muy presto.	450
	No serás sucesor suyo,	
	que de esa corona arguyo,	
	que como llega a valer	
	un talento, ha menester	
	mayor talento que el tuyo.	455
	En fin, ¿me quieres matar?	
ABSALÓN	¿Yo?	
DAVID	¿No acabas de decillo?	
ABSALÓN	Si llegaras bien a oíllo,	
	mi fe habías de premiar.	
	Si vengo, dije, a reinar,	460
	vivo tú en Jerusalén,	
	mi enojo probará quien	
	fama por traidor adquiere,	
	y por ser tirano quiere	
	matar a mi padre.	
DAVID	Bien.	465
	¿Pues quién hay a quien le cuadre	
	tal título?	
ABSALÓN	No sé yo.	
	Quien a su hermana forzó	
	también matará a su padre.	
DAVID	Por ser los dos de una madre	470
	contra Amón te has indignado.	
	Pues ten por averiguado	
	que quien fuere su enemigo,	
	no ha de tener paz conmigo.	
ABSALÓN	Sin razón te has enojado.	475
	¿Sólo yo te hallo crüel?	
DAVID	¿Qué mucho, si tú lo estás	
	con Amón?	
ABSALÓN	No le ama más	
	que yo nadie en Israel.	
	Antes, gran señor, con él	480

y los príncipes quisiera
que vuestra Alteza viniera
al esquilmo que ha empezado
en Balhasor mi ganado,
y que esta merced me hiciera.   485
Tan lejos de desatinos
y venganzas necias vengo,
que allí banquetes prevengo,
de tales personas dignos.
Honre nuestros vellocinos   490
vuestra presencia, señor,
y divierta allí el dolor
que le causa este suceso.
Conocerá que intereso
granjear sólo su amor.   495

DAVID   Tú fueras el fénix de él
si estas cosas olvidaras
y al Príncipe perdonaras,
no vil Caín, sino Abel.

ABSALÓN   Si hiciere venganza en él,   500
plegue a Dios que me haga guerra
cuanto el sol dora y encierra,
y contra ti rebelado,
de mis cabellos colgado,
muera entre el cielo y la tierra.   505

DAVID   Si eso cumples, mi Absalón,
mocedades te perdono.
Con los brazos te corono
si mejor corona son.

ABSALÓN   En mis labios los pies pon,   510
y añade a tantas mercedes
porque satisfecho quedes,
señor, el venir a honrar
mi esquilmo, pues da lugar
la paz, y alegrarte puedes.   515

III

DAVID	Harémoste mucho gasto.
	No, hijo, goza tu hacienda.
	Al reino pide que atienda
	la vejez que en canas gasto.
ABSALÓN	Pues a obligarte no basto 520
	a esta merced, da licencia
	que supliendo tu presencia
	Adonías, Salomón,
	hagan, yendo con Amón,
	de mi amor noble experiencia. 525
DAVID	¿Amón? Eso no, hijo mío.
ABSALÓN	Si melancólico está,
	sus penas divertirá
	el ganado, el campo, el río.
DAVID	Temo que algún desvarío 530
	dé nueva causa a mi llanto.
ABSALÓN	De la poca fe me espanto
	que tiene mi amor contigo.
DAVID	La experiencia en esto sigo,
	que cuando con el disfraz 535
	viene el agravio de paz,
	es el mayor enemigo.
ABSALÓN	Antes el gusto y regalo
	que he de hacelle ha de abonarme.
	En esto pienso esmerarme. 540
DAVID	Nunca el recelar fue malo.
ABSALÓN	Plegue al cielo que sea un palo
	alguacil que me suspenda
	cuando yo al Príncipe ofenda.
	No me alzaré de tus pies, 545
	padre, hasta que a Amón me des.
DAVID	Del alma es la mejor prenda.
	Pero en fe de que me fío
	de ti, yo te lo concedo.
ABSALÓN	Cierto ya de tu amor quedo. 550

Aparte	DAVID	¿De qué dudáis, temor frío?
	ABSALÓN	Voyle a avisar.
	DAVID	Hijo mío,
		en olvido agravio pon.
	ABSALÓN	No temas.
	DAVID	Ay, mi Absalón,
		lo mucho que te amo pruebas. 555
	ABSALÓN	Adiós.
	DAVID	Mira que me llevas
		la mitad del corazón. *Vanse.*

Salen TIRSO, BRAULIO, ALISO, RISELO, ARDELIO, *ganaderos,*
y TAMAR *de pastora, rebozada la cara con la toca.*

Cantan.

UNOS	Al esquilmo, ganaderos,
	que balan las ovejas y los carneros.
OTROS	Ganaderos, a esquilmar, 560
	que llama los pastores el mayoral.
UNO	El Amor trasquila
	la lana que le dan
	los amantes mansos
	que a su aprisco van. 565
	Trasquila la dama
	al pobre galán.
	Aunque no es su oficio
	sino repelar,
	trasquila el alcalde 570
	al que preso está,
	y si entró con lana
	en puribus va.
	Pela el escribén,
	porque escribanar 575
	con pluma con pelo
	de comer le da.

Pela el alguacil
hasta no dejar
vellón en la bolsa,   580
plata otro que tal.
El letrado pela,
pela el oficial;
que hay mil peladores
si pelones hay.   585

TODOS   Al esquilmo, ganaderos,
que balan las ovejas y los carneros.
Ganaderos, a esquilmar,
que llama a los zagales el mayoral.

TIRSO   Dichosas serán desde hoy   590
las reses que en el Jordán
cristales líquidos beben,
y en tomillos pacen sal.
Ya con vuesa hermosa vista
hierba el prado brotará   595
por más que la seque el sol,
pues vos sus campos pisáis.
¿De qué estáis melanconiosa,
hermosísima Tamar,
pues con vuesos ojos bellos   600
estos montes alegráis?
Si dicen que está la corte
doquiera que el rey está,
y vos sois reina en belleza,
la corte es ésta, no hay más.   605
La Infantica, entreteneos;
vuesa hermosura mirad
en las aguas que os ofrecen
por espejo su cristal.

TAMAR   Temo de mirarme a ellas.   610
BRAULIO   Si es por no os enamorar
de vos misma, bien hacéis,

que, a la he, que quillotráis
desde ell alma a la asadura
a cuantos viéndoos están,   615
y que para mal de muchos,
el dimuño os trujo acá.
Mas asomaos con todo eso.
Veréis cómo os retratáis
en la tabla de este río   620
si en ella a vos os miráis;
y haréis un cuadro valiente,
que porque le guarnezcáis
las flores de oro y azul
de marco le servirán.   625
Honraldas, miraos a ellas.

TAMAR   Aunque hermosa me llamáis,
tengo una mancha afrentosa.
Si la veo he de llorar.

ALISO   ¿Mancha tenéis? Y aun por eso,   630
que aquí los espejos que hay,
si manchas muestran, las quitan,
enseñando acá amistad.
Allá los espejos son
sólo para señalar   635
faltas, que viéndose en vidrio
con ellas en rostro dan.
Acá son espejos de agua,
que a los que mirarse van
muestran manchas y las quitan   640
en llegándose a lavar.

TAMAR   Si agua esta mancha quitara,
harta agua mis ojos dan;
sólo a borralla es bastante
la sangre de un desleal.   645

RISELIO   No vi en mi vida tal muda.
Miel virgen afeita acá,

que ya hasta las caras venden
postiza virginidad.
¿Son pecas?

TAMAR   Pecados son.   650

ARDELIO   Cubrillas con solimán.

TAMAR   No queda, pastor, por eso.
Toda yo soy rejalgar.

TIRSO   ¿Es algún lunar acaso
que con la toca tapáis?   655

TAMAR   No se muda cual la luna,
ni es la deshonra lunar.

TIRSO   Pues sea lo que se huere,
pardiez, que hemos de cantar
y aliviar la pesadumbre,   660
que es locura lo demás.

Cantan.

Que si estáis triste, la Infanta,
todo el tiempo lo acaba.
Desdenes de amor
la ausencia los sana,   665
para desengaños
buena es la mudanza.
Si atormentan celos,
darlos a quien ama.
Para la vejez,   670
arrimar las armas.
Para mujer pobre,
gastar lo que basta.
Para mal de ausencia,
juegos hay y cazas.   675
Para escusar penas,
estudiar en casa.
Para agravios de honra,
perdón o venganza,

	que si triste estáis la Infanta,	680
	todo el tiempo lo acaba.	

Sale LAURETA *con un tabaque de flores.*

LAURETA   Todas estas flores bellas
a la primavera he hurtado,
que pues de Amor sois el prado,
competir podéis con ellas.   685
Lleno viene este cestillo
de las más frescas y hermosas
hierbas, jazmines y rosas
desde el clavel al tomillo.
Aquí está la manutisa,   690
la estrellamar turquesada,
con la violeta morada
que Amor, porque huela, pisa.
El sándalo, el pajarillo,
alelíes siete ramas,   695
azucenas y retamas,
madreselva y hisopillo.
Tomaldos, que son despojos
del campo, y juntad con ellos
labios, aliento y cabellos,   700
pechos, frente, cejas y ojos.

TAMAR   Todas las que abril esmalta
pierden en mí su valor,
Laureta, porque la flor
que más me importa me falta.   705

Dale unas violetas, y póneselas TAMAR *en los pechos.*

TIRSO   Ya vendréis a divinar
sueños o cosas de risa,
que como sois fitonisa,
consolaréis a Tamar.
Laureta, diz que tratáis   710
con el diablo.

ARDELIO	Ya han venido
	los Príncipes que han querido
	honrarnos oy.
TIRSO	¿Qué aguardáis?
ARDELIO	Mientras el convite pasa
	al soto apacible vamos, 715
	y de flores, hierba, y ramos
	entapicemos la casa.
TIRSO	Ardelio, tenéis razón;
	démonos prisa, pastores.
	¿Pero qué ramos ni flores 720
	hay como ver a Absalón?

Vanse los pastores.

TAMAR	Vámonos de aquí, Laureta.
LAURETA	¿Para qué? Bien disfrazada
	estás.
TAMAR	Di mal injuriada.
LAURETA	Olvida, si eres discreta. 725
TAMAR	Bien dijo, aunque ése es buen medio,
	un ingenio singular,
	'El remedio era olvidar,
	y olvidóseme el remedio'.

Salen AMÓN, ABSALÓN, ADONÍAS *y* SALOMÓN.

AMÓN	Bello está el campo.
ABSALÓN	Es el mayo, 730
	el mes galán, todo flor.
ADONÍAS	A lo menos labrador,
	según ajirona el sayo.
AMÓN	Oid, que hay aquí serranas,
	y no de mal aire y brío. 735
ABSALÓN	De mi hacienda son, y os fío
	que envidien las cortesanas
	su no ayudada hermosura.
AMÓN	Bien haya quien la belleza

	debe a la naturaleza,	740
	no al afeite y compostura.	
ABSALÓN	Esta es mujer tan curiosa,	
	que de lo futuro avisa.	
	Tiénenla por fitonisa	
	estos rústicos.	
SALOMÓN	¿Y es cosa	745
	de importancia?	
AMÓN	De esta gente	
	hacer caso es vanidad.	
	Tal vez dirá una verdad	
	y después mentiras veinte.	
	¿Mas quién es la rebozada?	750
ABSALÓN	Es una hermosa pastora	
	que injurias de su honra llora	
	y espera verse vengada.	
AMÓN	Ella tiene buena flema.	
	¿No la veremos?	
ABSALÓN	No quiere,	755
	mientras sin honra estuviere,	
	descubrirse.	
AMÓN	Linda tema.	

A LAURETA.

	Ahora bien con vos me entiendo;	
	llegaos, mi serrana, acá.	
LAURETA	¿Su Alteza? Pretenderá	760
	y después íráse huyendo.	
AMÓN	Bien parecéis adivina;	
	llena de flores venís.	
	¿Cómo no las repartís,	
	si el ser cortés os inclina?	765
LAURETA	Estos prados son teatro	
	do representa Amaltea.	
	Mas porque no os quejéis, ea,	

	a cada cual de los cuatro	
	tengo de dar una flor.	770
AMÓN	¿Y esotra serrana es muda?	
	Quita el rebozo.	
LAURETA	Está en muda.	
AMÓN	¿Mudas hay acá?	
LAURETA	De honor.	
AMÓN	¿Y hay honor entre villanas?	
LAURETA	Y con más firmeza está,	775
	que no hay príncipes acá	
	ni fáciles cortesanas.	
	Pero dejémonos de esto,	
	y va de flor.	
AMÓN	¿Cual me cabe?	

Aparte a cada uno

| LAURETA | Esta azucena süave. | 780 |

Dale una azucena con una espadaña.

AMÓN	Eso es picarme de honesto.	
LAURETA	Yo sé que olella os agrada,	
	pero no la deshojéis,	
	que la espadaña que véis	
	tiene la forma de espada.	785
	Y aquesos granillos de oro,	
	aunque a la vista recrean,	
	manchan si los manosean.	
	Porque estriba su tesoro	
	en ser intactos, dejaos,	790
	Amón, de deshojar flor	
	con espadañas de honor;	
	y si la ofendéis, guardaos.	
AMÓN	Yo estimo vuestro consejo.	
	Demonio es esta mujer.	795
SALOMÓN	¿Qué os ha dicho?	
AMÓN	No hay que hacer	

	caso; por loca la dejo.	
ADONÍAS	¿Qué flor me cabe a mí?	
LAURETA	Estraña	
	espuela de caballero.	

Dale una espuela de caballero que es una flor azul.

ADONÍAS	Bien por el nombre la quiero.	800
LAURETA	A veces la espuela daña.	
ADONÍAS	Diestro soy.	
LAURETA	Si lo sois, alto.	
	Pero guardaos, si os agrada,	
	de una doncella casada.	
	No os perdáis por picar alto.	805
ADONÍAS	No os entiendo.	
ABSALÓN	Yo me quedo	
	postrero. Id, hermano, vos.	
SALOMÓN	Confusos vienen los dos.	
	Si acaso obligaros puedo,	
	más conmigo os declarad.	810
LAURETA	Esta es corona de rey,	
	flor de vista, olor y ley.	
	Sus propiedades gozad,	
	que aunque rey, seréis espejo,	
	y el mayor de los mejores;	815
	temo que os perdáis por flores	
	de amor, si sois mozo viejo.	
AMÓN	Buena flor.	
SALOMÓN	Con su pimienta.	
ABSALÓN	¿Cábeme a mí?	
LAURETA	Este narciso.	

Dale un narciso.

ABSALÓN	Ese a sí mismo se quiso.	820
LAURETA	Pues tened, Absalón, cuenta	
	con él, y no os queráis tanto,	

que de puro engrandeceros,
estimaros y quereros,
de Israël seréis espanto.   825
Vuestra hermosura enloquece
a toda vuestra nación;
Narciso sois Absalón,
que también os desvanece.
Cortaos esos hilos bellos,   830
que si los dejáis crecer,
os habéis presto de ver
en alto por los cabellos.

                           Vase LAURETA.

ABSALÓN   Espera. Fuese. Si en alto
por los cabellos me veo,   835
cumpliráse mi deseo;
al reino he de dar asalto.
¿En alto por los cabellos?
Mi hermosura ha de obligar
a Israël que a coronar   840
me venga loco por ellos.

AMÓN   Confuso os habéis quedado.

ABSALÓN   Príncipes, alto, a comer.

Aparte   Sobre el trono me han de ver
de mi padre coronado.   845
Muera en el convite Amón,
quede vengada Tamar,
dé la corona lugar
a que la herede Absalón.

               Sale un CRIADO.

CRIADO   La comida que se enfría   850
a vuestras Altezas llama.

AMÓN   De aquesta serrana dama
ver la cara gustaría.
Idos, hermano, con ellos.

ABSALÓN	No nos hagáis esperar.	855
Aparte	Reinando vengo a quedar	
	en alto por los cabellos.	

                          Vanse si no son AMÓN *y* TAMAR.

AMÓN	Yo, serrana, estoy picado	
	de esos ojos lisonjeros	
	que deben de ser fulleros,	860
	pues el alma me han ganado.	
	¿Queréisme vos despicar?	
TAMAR	Cansaráos el juego presto,	
	y en ganando el primer resto	
	luego os querréis levantar.	865
AMÓN	Buenas manos.	
TAMAR	De pastora.	
AMÓN	Dadme una.	
TAMAR	Será en vano	
	dar mano a quien da de mano	
	y ya aborrece, ya adora.	
AMÓN	Llegaréosla yo a tomar,	870
	pues su hermosura me esfuerza.	
TAMAR	¿A tomar? ¿Cómo?	
AMÓN	Por fuerza.	
TAMAR	¡Qué amigo sois de forzar!	
AMÓN	Basta, que aquí todas dais	
	en adivinas.	
TAMAR	Queremos	875
	estudiar cómo sabremos	
	burlaros, pues nos burláis.	
AMÓN	¿Flores traéis vos también?	
TAMAR	Cada cual humilde o alta,	
	busca aquello que le falta.	880
AMÓN	Serrana, yo os quiero bien.	
	Dadme una flor.	
TAMAR	Buen floreo	
	os traéis; creed, señor,	

	que a no perder yo una flor	
	no sintiera el mal que veo.	885
AMÓN	Una flor he de tomar.	
TAMAR	Flor de Tamar diréis bien.	
AMÓN	Forzaréos. Dalda por bien.	
TAMAR	¡Qué amigo sois de forzar!	
	Pero tomad si os agrada.	890

Dale las violetas.

AMÓN	¿Violetas?	
TAMAR	Para alegraros,	
	porque yo no puedo daros,	
	Amón, sino flor violada.	
AMÓN	Eso es mucho adivinar.	
	Destapaos.	
TAMAR	Apártese.	895
AMÓN	Por fuerza os descubriré.	

Descúbrela.

TAMAR	Qué amigo sois de forzar.	
AMÓN	¡Ay, cielos, monstruo tú eres!	
	Quién los ojos se sacara	
	primero que te mirara,	900
	afrenta de las mujeres.	
	Voyme, y pienso que sin vida,	
	que tu vista me mató.	
	No esperaba, cielos, yo	
	tal principio de comida. *Vase.*	905
TAMAR	Peor postre te han de dar,	
	bárbaro, crüel, ingrato,	
	pues será el último plato	
	la venganza de Tamar. *Vase.*	

Salen los pastores con ramos cantando.

CANTAN	A las puertas de nuesos amos	910

	vamos, vamos,	
	vamos a poner ramos.	
UNO	A Absalón bello	
	alamico negro,	
	cinamomo y cedro,	915
	y palma ofrezcamos.	
TODOS	Vamos, vamos,	
	vamos a poner ramos.	
OTRO	Al mozo Adonías,	
	de las maravillas,	920
	rosa y clavellinas,	
	guirnaldas tejamos.	
TODOS	Vamos, vamos,	
	vamos a poner ramos.	
UNO	Al Príncipe nueso,	925
	de ciprés funesto	
	y taray espeso,	
	coronas tejamos.	
TODOS	Vamos, vamos,	
	vamos a poner ramos.	930
OTRO	Salomón prudente	
	ceñirá su frente	
	del laurel valiente	
	que alegres cortamos.	
TODOS	Vamos, vamos,	935
	vamos a poner ramos.	

Gritan de dentro, y hacen ruido de golpes y caerse mesas y vajillas,
y luego salen huyendo SALOMÓN *y* ADONÍAS.

ABSALÓN	La comida has de pagar,	
	dándote muerte, villano.	
AMÓN	¿Por qué me matas, hermano?	
ABSALÓN	Por dar venganza a Tamar.	940
AMÓN	Cielos, piedad. Muerto soy.	
SALOMÓN	Huye.	

125

ADONÍAS	Oh bárbaro sin ley,	
	todos los hijos del Rey	
	por reinar perecen hoy.	*Vanse.*
TIRSO	Oste puto, esto va malo.	945
ARDELIO	Huyamos, no nos alcance	
	algún golpe de este lance.	
BRAULIO	¡Mirad qué negro regalo	
	de convite!	
TIRSO	Oh mi cebolla,	
	más os quiero que Absalón	950
	sus pavos.	
ARDELIO	Tirso, chitón,	
	que mos darán en la cholla.	*Vanse.*

Descúbrense aparadores de plata, caídas las vajillas, y una mesa llena de manjares y descompuesta, los manteles ensangrentados, y AMÓN *sobre la mesa asentado, y caido de espaldas en ella con una taza en la mano y un cuchillo en la otra, atravesada por la garganta una daga; y salen* ABSALÓN *y* TAMAR.

ABSALÓN	Para ti, hermana, se ha hecho	
	el convite aqueste plato,	
	aunque de manjar ingrato.	955
	Nuestro agravio ha satisfecho;	
	hágate muy buen provecho.	
	Bebe su sangre, Tamar,	
	procura en ella lavar	
	tu fama hasta aquí manchada.	960
	Caliente está la colada,	
	fácil la puedes sacar.	
	A Gesur huyendo voy,	
	que es su Rey mi agüelo, y padre	
	de nuestra injuriada madre.	965
TAMAR	Gracias a los cielos doy,	
	que no lloraré desde hoy	
	mi agravio, hermano valiente.	

Ya podré mirar la gente,
resucitando mi honor,   970
que la sangre del traidor
es blasón del inocente.
Quédate, bárbaro, ingrato,
que en buen túmulo te han puesto.
Sepulcro del deshonesto   975
es la mesa, taza y plato.

ABSALÓN   Heredar el reino trato.

TAMAR   Déntele los cielos bellos.

ABSALÓN   Amigos tengo, y por ellos,
como dijo la mujer,   980
todo Isräel me ha de ver
en alto por los cabellos.

> *Vanse y encúbrese la apariencia.*

> *Sale el Rey* DAVID *solo.*

DAVID   ¿Amón? ¿Príncipe? ¿Hijo mío?
Si eres tú, pide al deseo
albricias, que los instantes   985
juzga por siglos eternos.
Gracias a Dios que a pesar
de sospechas y recelos
con tu vista restituyo
la vida que sin ti pierdo.   990
¿Cómo vienes? ¿Cómo estás?
¿Podré enlazando tu cuello
imprimir lirios en rosas,

> *Va a abrazar el viento.*

guarnecer oro en acero?
Dame los amados brazos.   995
Ay, engaños lisonjeros.
¿Porqué con burlas pesadas
me hacéis abrazar los vientos?

127

Como la madre acallando
al hijo que tiene al pecho, 1000
¿me enseñas la joya de oro
para escondérmela luego?
Como en la navegación
prolija, en celajes negros
fingidos montes me pintas, 1005
siendo mentiras de lejos?
Como fruta de pincel,
como hermosura en espejo,
como tesoro soñado,
como la fuente al enfermo, 1010
burladoras esperanzas,
¿engañáis mis pensamientos
para acrecentar pesares,
para atormentar desvelos?
¿Amón mío, dónde estás? 1015
Deshaga al temor los hielos
el sol de tu cara hermosa;
remoce tu vista a un viejo.
¿Si se habrá Absalón vengado?
¿Si habréis sido, como temo, 1020
hijo caro de mis ojos,
de sus esquilmos cordero?
No, que es vuestro hermano, en fin;
la sangre hierve sin fuego.
Mas ay, que es sangre heredada 1025
de quien a su hermano mesmo
vendió, y llorará David
como Jacob en sabiendo
si a Josef mató la envidia,
que a Amón la venganza ha muerto. 1030
Absalón, ¿no me juró
no agraviarle? ¿De qué tiemblo?
Pero el amor y el agravio

nunca guardan juramentos.
La esperanza y el temor   1035
en este confuso pleito
alegan en pro y en contra;
sentenciad en favor, cielos.
Caballos suenan; ¿si son
mis amados hijos éstos?   1040
Alma, asomaos a los ojos;
ojos, abríos para verlos.
Grillos echa el temor frío
a los pies, cuando el deseo
se arroja por las ventanas.   1045

Salen muy tristes ADONÍAS *y* SALOMÓN.

          ¿Hijos?
ADONÍAS   ¿Señor?
DAVID   ¿Venís buenos?
¿Qué es de vuestros dos hermanos?
¿Calláis? Siempre fue el silencio
embajador de desgracias.
¿Lloráis? Hartos mensajeros   1050
mis sospechas certifican.
Ay, adivinos recelos,
¿mató Absalón a su hermano?
SALOMÓN   Sí, señor.
DAVID   Pierda el consuelo
la esperanza de volver   1055
al alma, pues a Amón pierdo.
Tome eterna posesión
el llanto, porque sea eterno,
de mis infelices ojos,
hasta que los deje ciegos.   1060
Lástimas hable mi lengua;
no escuchen sino lamentos
mis oídos lastimosos.

Ay, mi Amón, ay mi heredero,
llore tu padre con Jacob diciendo,   1065
hijo, una fiera pésima te ha muerto.

ADONÍAS   Y de Tamar la historia prodigiosa
acaba aquí en tragedia lastimosa.

Fin de la comedia.

NOTES

JORNADA PRIMERA

32 *alambicado* 'Alambicarse el cerebro es meterse uno en devaneos que le inquietan y gastan el juicio' (*Covarrubias*).

54 *batanar* 'Golpear o batir con los mazos del batán los paños, u otros géneros para que se limpien de aceite y se incorporen y cierren...Por alusión significa aporrear, dar golpes, y maltratar con palos y bastonazos a uno' (*Autoridades*).

55 The same comparison is found in Lope's *Fuenteovejuna*: Mengo describes the wounds that have been inflicted on his buttocks by the Comendador's men:

> Señores,
> aquí todo el mundo calle.
> Como ruedas de salmón
> me puso los atabales.   (Act II, scene xvii.)

88–91 Absalón fashions an argument from the terms in which theologians discussed the nature of divine love. God created the universe to communicate his perfection; so Absalón communicates his perfection to womankind. Absalón consistently finds the 'best' argument in which to present himself.

91 ff. The popular belief that Absalom sold his hair arose from a pardonable misinterpretation of 2 Samuel xiv. 26: 'And when he cut the hair of

his head (for at the end of every year he used to cut it; when it was heavy on him he cut it), he weighed the hair of his head, two hundred shekels by the king's weight.' The learned seventeenth-century scholar, Cornelius a Lapide, made this comment on the passage: 'Several people, thinking that Absalom's hair could not weigh so much, interpreted this passage in terms of price rather than weight, imagining that his hair was so golden, thick and shimmering that it was sought after by women who wished to make themselves wigs from it; his hair was held in such esteem, that it sold at two hundred silver shekels... In truth, eminent scholars reject this as an outrageous price, and the story as improbable, for his hair would have been useless as an ornament for women. Nor does Scripture praise Absalom's hair for its colour, golden texture or lustre, but for its weight' (*Commentarius in Iosue, Iudicum, Ruth, IV Libros Regum et II Paralipomenon*, Antwerp, 1642, vol. II, p. 55 b).

100 *a cabello* refers to the 'currency' with which Absalón bought his women, by analogy with, say, 'a cuatro maravedís' or 'a dinero'.

109 *ristros* the normal form is '*ristras*'. Y. Malkiel observes that the masculine variant is rare (*Romance Philology*, vol. I (1947–8), p. 228 n. 136). The presumed earliest text of the play, the *suelta*, also uses the masculine form; 'ristros' cannot be considered a typographical error.

111 The garlic onion, smooth and hairless save for a tuft of straggly roots, is an ideal comparison for baldness; one suspects a piece of popular ribaldry. Domingo, the grotesque *alcalde* in Luis Quiñones de Benavente's *entremés, Los dos alcaldes encontrados*, is addressed thus by a petitioner:

Alcalde, cabeza de ajos,

See E. Cotarelo, *Colección de entremeses, N.B.A.E.* (Madrid, 1911), tomo I, vol. 2, p. 662 b.

118–38 This *jeu-de-scène* is found elsewhere in Tirso's theatre. The most notable example is between Juan and Mota in *El burlador de Sevilla* (ed. A. Castro, Madrid, 1963, Act II, 167 ff.). But similar episodes occur in *La villana de Vallecas* (Blanca, II, Act I, scene 1) and *Quien no cae no se levanta* (Blanca, III, Act II, scene 12).

119 *hoyosa* 'pitted'.

131 *paño* 'Significa...la mancha obscura que varia el color natural del cuerpo, especialmente del rostro' (*Autoridades*).

132 *betún* 'Metafóricamente se llama la masilla, pomada, o compuesto de diversos ingredientes, para adornar el rostro, cabello y otras partes del cuerpo, de que suelen usar las mujeres, y aun en lo antiguo también los hombres, para disimular la edad...' (*Covarrubias*).

136 *juanetes* 'bunions'.

167 *la de Nabal* Abigail. See note to Act II, line 343.

174–6 Tirso probably had in mind a detail from Josephus: 'Amnon fell in love with her [Tamar] but, since he could not obtain his desire because of her virginity and because she was so closely guarded...' (*Jewish Antiquities*, Loeb Classical Library, vol. v, p. 449).

185 The use of the preposition *de* is unusual.

192 Unwittingly, Absalón alludes to his own future; the day will come when, in a gesture of defiance, he takes possession of his father's harem (2 Samuel xxi–xxii).

219 Pregnant women are notoriously capricious.

249 *curioso* the word still retained in the seventeenth century a moral flavour; *curiosidad* is unhealthy prying into matters that do not concern you. In Lope's *La creación del mundo*, Adam rebukes Eve for her suggestion that they should approach the tree in their garden:

> Quien la ocasión huye, es cuerdo;
> que nunca curiosidades
> fueron de ningún provecho.
>
> (*Obras escogidas*, Madrid, 1955, vol. III, p. 85 b.)

353 ff. The *estribillo* of this gloss is one of the many in Tirso's theatre that he found in the popular songs of his time. Angel López suggests that the *estribillo* enjoyed considerable popularity (*El cancionero popular en el teatro de Tirso de Molina*, Madrid, 1958, p. 31). The whole song appears in a slightly variant form in Tirso's own *Cigarrales de Toledo*, ed. V. Said Armesto (Madrid, 1913), pp. 335–6.

407 Apollo, the sun-god, was also the god of poetry and music.

417–20 The ambivalent power of music was a commonplace. In Lope's *La creación del mundo*, Eve hears Jubal playing the fife and drum and observes:

> ¿Qué es esto que dulce suena
> con tan lamentable acento?
> Al contento da contento
> y al triste agrava la pena.
>
> (*Obras escogidas*, Madrid, 1955, vol. III, p. 96 b.)

430 I.e. Cupid.

470 ff. The style of speech assumed by Amón is known as 'sayagués', named after a real dialect found in the Sayago region of León. As a literary convention 'sayagués' had little to do with an actual dialect; it was a simple deformation of Castilian that imparted a humorous, rustic flavour to language.

470 *diabro* 'diablo'.

471 *musquiña* 'música'.
     la hue 'ella fue'.

474 *espinilla* 'shinbone'.

477 *quillotras* 'or whatever'; 'Palabra rústica, vale aquel otro' (*Covarrubias*).

485 Kisses like honey was a frequent comparison in Golden Age theatre, deriving in all probability from a type of song sung by bee-keepers, the *canción del colmenero* (see Angel López, *El cancionero popular*, p. 74). We find the refrain elsewhere in Tirso's work: *Marta la piadosa* (Blanca, vol. II, p. 393 a), *La villana de la Sagra* (vol. II, p. 155 a) and *El colmenero divino* (vol. I, p. 155 b).

488 *vido* 'vio'.

491 *inficionado* a malapropism for 'aficionado'.

492 *mosicas* a pun, for the word is a deformation of either 'músicas' or 'mocicas'—'young lasses'. For a similar pun in Calderón's *En esta vida todo es verdad y todo mentira*, see E. M. Wilson, 'On the *Tercera parte* of Calderón', *Studies in Bibliography*, vol. XV (1962), p. 227.

     modorro 'adj. El que padece el accidente de modorra. Metafóricamente vale inadvertido, ignorante, que no hace distinción de las cosas' (*Autoridades*).

493 *chorro* 'El golpe de agua u otra cosa líquida, que sale impetuosamente por alguna parte estrecha, como impelida...Se llama el lleno de la voz que sale del pecho esforzándola todo lo que naturalmente puede dar de sí' (*Autoridades*).

541 *Mamóla* an expletive; 'Cierta postura de la mano debajo de la barba de otro, que regularmente se ejecuta por menosprecio, y tal vez por cariño. Covarrubias la llama Mamona; pero ya lo más regular es decir Mamóla' (*Autoridades*).

545 Amón alludes to the *refrán* 'todo es flor, y al fin de azar', explained by Correas as follows: 'Dícese de la lozanía y verdor de la juventud en tomar placeres vanos y sin fruto, y vanidades semejantes. Confunde con gracia y paranomasia las dos palabras semejantes: azar, que se toma por desgracia y mala suerte, amarga como aceda y de acíbar, y el azahar, flor de naranjo, entre las cuales algunos no distinguen nada en el pronunciar por quitar la *h*' (*Vocabulario de refranes y frases proverbiales*, p. 481). Amón conveys a double meaning in his phrase: on the one hand he means that a gardener's life, spent among the flowers, is not one of ease and sport; on the other hand, he speaks as Amón, asserting the seriousness of his apparent badinage.

702–3   The hooded and chained hawk was a common emblem of hope; in the present context, however, it is used as a male symbol. We find this sense behind the image of the hawk in the moving *Romance de doña Alda* (see C. C. Smith, *Spanish Ballads*, Pergamon Press, 1964, p. 150), as well as in Lope's *El caballero de Olmedo* (*Colección Austral*, pp. 134–5). Referring to himself as the hooded and chained hawk, Amón chooses an image of extraordinary reach. If we think of the hooded hawk as blind passion, nourishing destructive energy under the mask of apparent innocence, we foresee the role that Amón will play later in Act II. He chooses the image to justify a course of action, but it also points forward to a truth that is hidden from him.

704   *baquero*   'sayo baquero'. An outer garment that covers the whole body; a smock-frock.

705   *rostro*   'mask'.

707–18   These examples of extravagant and impossible love affairs came most likely from one of the numerous collections of classical lore that circulated in the sixteenth and seventeenth centuries; e.g. Pero Mejía's *Silva de varia lección* devotes a chapter to such incidents, and all but Amón's last reference appear there.

Dolphins were associated with several human qualities; one was a love for music. Tirso may also have had in mind the story of Arion.

The Persian was Xerxes, who reputedly fell in love with a plane-tree.

'El otro' was the Athenian youth with an amorous attachment to a statue; the story was immensely popular among collectors of classical lore.

'La asiria de más valor' who fell in love with an animal was Semiramis, whose passion for a horse is mentioned by the doyen of Renaissance encyclopaedists, Ravisius Textor (see *Officinae, Tomus Primus*, Lyons, 1560, p. 218).

JORNADA SEGUNDA

Stage direction   montera   'Covertura de cabeza de que usan los monteros, y a su imitación los demás de la ciudad' (*Covarrubias*). The point is that Amón has put on his hat first thing after rising from bed; and that his headgear is inappropriate for indoor use. Costume helps to portray a mental state.

45   *ámbar*   amber was used to make a delicate perfume that would be applied to the clothing.

46 ff.   This quip on the martial prowess of doctors is found elsewhere in the invective against quackery produced in the Renaissance and later. Antonio de Guevara in the *Libro primero de las epístolas familiares* (1539) notes the shortcomings of the profession, and quotes from a letter written by a sup-

posed Roman domiciled in Greece warning his son against the dangers of Greek medical practice: 'Aunque todas las artes de Grecia son sospechosas, perniciosas y escandalosas, sé te decir, hijo Marcello, que para la república de nuestra madre Roma es la peor de todas la medicina, porque han jurado todos estos griegos de enviar a matar con médicos a los que no han podido vencer con las armas' (ed. J. M. de Cossío, Madrid, 1950, vol. 1, pp. 352–4).

79 Among the abusive epithets used to describe doctors, that of the hangman regularly appears in the literature of the time. See Tirso's *El amor médico*, ed. A. Zamora Vicente (Clásicos castellanos, Madrid, 1947), vol. 11, p. 12.

89 *opilaciones* 'Enfermedad ordinaria y particular de doncellas y de gente que hace poco ejercicio' (*Covarrubias*). The term is used so vaguely and frequently in the seventeenth century that it probably signified nothing more precise than 'the vapours'.

100 '*No, sino el alba*: loc. irón. con que se suele responder a quien pregunta lo que sabe o no debía ignorar, por ser cosa comúnmente sabida' (*Diccionario de la Real Academia*).

113 The *refrán* alluded to in this line is 'honra y provecho no caben en un saco' (*Correas*, p. 247), or its variant 'por el camino derecho, mucha honra, pero poco provecho; por la trocha, mucho provecho, pero poca honra' (F. Rodríguez Marín, *12.600 refranes más*, Madrid, 1930).

138–9 Possibly a chiding reference to those who indulged in an affected style of speech that Quevedo referred to as 'cultiparla'. It consisted of imparting a Latin flavour or a touch of oddity to Castilian. *Vaquita* echoes the Latin diminutive *vitellus*. This kind of affectation drew stinging comments from satirists in the 1620s.

152 *socrocio* 'Emplasto, o epíctima de color de azafrán' (*Autoridades*). *fomentada* usually 'fomentación'.

175 This song belongs to the type known as 'cantares de alba', popular throughout the sixteenth and seventeenth centuries. See A. López, *El cancionero popular en el teatro de Tirso de Molina* (Madrid, 1958), p. 81.

196 ff. Amón plays on two meanings of the word *blanco*. 'Quedar en blanco' means 'to draw a blank'; the *espada blanca* is the lethal sword carried for combat, as distinct from the *espada negra*, the harmless foil used in fencing.

198 According to the colour symbolism that poets employed, green represented hope.

213–14 'Seven feet of ground, all that a dead man needs,...'

262 A reference to the song which celebrated David's victory over Goliath: 'Saul has slain his thousands and David his ten thousands' (1 Samuel xviii. 7).

280   *sello*   serlo. 'If it were love...'

285–316   Tirso frequently expressed his scorn for poets who made a virtue of obscurity. He recommended clarity in syntax as well as in vocabulary, criticising the involved style associated with Góngora. On occasions, however, his own verse plunges into a laboured and extravagant mode when he wishes to convey character through style. Here, the involved syntax and high-flown language create a picture of pompous, regal dignity. The old warrior has turned fussy with age; Tirso neatly underlines it. The conditional clauses introduced at lines 285, 289, 293 and 301 are not resolved until line 312. The general sense is: 'If I am permitted, after my wars, to display the trophies that reward and encourage my warlike spirit, if I have renewed the interest of our holy chroniclers in the victories that we have won over Israel's traditional enemies; if, in my youth, I won praise for my exploits, defeating a lion and a bear; if, the feats of manhood engraved in my wounds, in my old age (*plata* = grey hair; *oro* = fair hair) I can embrace my wives and daughter (a small feat compared with my past achievements)—four crowns that await me after I have wrested but one from the Ammonite King—then I wish I had four heads on which to wear these four crowns, bearing witness to the victory of love.' To reduce the sense further: for the least sensational reward of his life—his family's love—David wishes the most spectacular triumph. For further explanations, see the following notes.

293–6   A reference to the youthful David's victory over the lion (1 Samuel xvii. 34–7); the lion's paws, mutely praising David and strewn with the victor's laurel, are transformed into vine branches; i.e. his victory was celebrated with wine.

297–300   A reference to his victory over the bear (1 Samuel xvii. 34–7); David's naked limbs were clothed in finery as he carried the slain bear on his back. (A complex conceit; the bear's fur became the boy's clothing, its claws ornaments (*galas*), its paws a jewelled collar.)
Informe 'shapeless' (in death).

304   *ejecutoria* 'letters patent of nobility'. A warrior's wounds are certificates that make good his claim to honour.

319   Time is visualized here in the traditional image of a bent old man.

322   *Belona*   A Roman goddess of war.

325   Michol married David after he had presented her father Saul with the foreskins of two hundred Philistines slain in battle. She helped her husband to escape from the irate king, but while David was absent Saul remarried her to Phalti. All these details are recalled here. Phalti was the 'indigno poseedor'; Saul's was the 'envidia' that led to Michol's second marriage;

the 'engaños' came from the betrayal of her first love. For the Scriptural sources, see 1 Samuel xix. 12 and xxv. 44.

333 Abigail was the wife of Nabal, the rich and churlish farmer on Mount Carmel. She placated David when her husband refused him hospitality. After Nabal's death, she married David. See 1 Samuel xi.

341 For the well-known story of Bathsheba, see 2 Samuel xi.

344 In order to gain possession of Bathsheba, David had her husband Uriah murdered, treacherously. David's contrition is the subject of one of the Penitential Psalms (li).

Un pequé a 'peccavi' ('I have sinned'), as in the English phrase 'to cry peccavi'.

347 A reference to the building of the Temple for the Ark of the Covenant. Line 352 alludes to God's presence in the Temple as it was being dedicated: '…the house of the Lord was filled with a cloud, so that the priests could not stand to minister because of the cloud; for the glory of the Lord filled the house of God' (2 Chronicles v. 13–14).

353 *el líbano* the people of Lebanon (synechdoche). Hiram was the King of Tyre who assisted Solomon in the building of the Temple. See 1 Kings v.

356 Tarsis and Ofir were towns renowned for their trade in precious metals. See 1 Kings ix. 11 and vii. 13–14.

381–6 Tirso has drawn these details from Josephus: 'Now Joab in besieging the Ammonites was inflicting great damage on them by cutting off their water and other supplies, so that they were in a very pitiable condition for lack of food and drink, for they were dependent on a small well and this had to be carefully controlled in order that the spring might not fail them altogether because of too frequent use. Accordingly, he wrote to the king, informing him of this, and inviting him to come to the capture of the city in order that he might have the victory ascribed to himself' *Jewish Antiquities*, vol. v (Loeb Classical Library), pp. 446–7. Also 2 Samuel xii. 27–30.

412 *gualda* a plant yielding a yellow dye (weld). 'Cara de gualda. Apodo que se aplica al que está muy descolorido y pálido' (*Autoridades*).

498 *experiencia* 'Conocimiento y noticia de las cosas, adquirida por el uso y práctica de ellas' (*Autoridades*).

558–9 Lope invents a similar word play in his account of the Tamar story in the *Pastores de Belén*:

> Amón, que para amor se diferencia
> en la postrera letra solamente,…

It is quite possible that Tirso read Lope's narrative, published in 1616.

596   *quilatar*   literally, the word means 'to assay bullion'. 'Metafóricamente, vale estimar, reconocer y hacer calificación y examen de alguna
cosa, para saberla con fundamento' (*Autoridades*).

606   *la nuestra*   i.e. 'nuestra ley'.

646   These details come from Deuteronomy xxi. 11–13, but Tirso's source
was probably one of the Rabbinical commentaries transmitted through
Christian exegetes. The eighth-century scholar Hrabanus Maurus wrote of
Talmai and Maacah: 'Talmai was the father of Maacah, the mother of
Absalom, whom Hebrews say was captured in battle; her hair and nails
were cut, and David then took her to wife according to the law' (*Com-
mentarium in Libros IV Regum*, Migne, vol. CIX, col. 104). This story recurs
in most later commentaries, and Tirso probably retained it in his mind
after preparing the background to the play.

755   *figura*   a word which, as E. Asensio points out in *Itinerario del entremés*
(Madrid, 1965, pp. 77 ff.), had an extraordinary variety of meanings. In
the theatre, it signified a 'sujeto ridículo y estrafalario' (*op. cit.* p. 80), who
would engage in a brief repertory of extravagant gestures, affectations or
other grotesquely portrayed weaknesses. A *figura* was essentially a character of farce. Tamar's use of the word is extremely revealing as an indica-
tion of how she should act in the play within a play: one imagines her
burlesquing high passion, in a playlet that is clearly based on hackneyed
conventions. The impact of such a scene would be considerable; Tamar
plays at being dramatic; her fellow actor, however, is far removed from
comedy.

757   *Entro, pues*   'Entrar' has a theatrical touch: 'On I come.'

774   *mercar*   'Lo mismo que comprar' (*Autoridades*).

776   Amón turns to astronomy in order to hyperbolise Tamar's beauty and
his love. 'Zona' was the term given to each of the circles which made up
the sphere of heaven; 'signo' was one of the twelve sections into which a
'zona' was divided, and over which a Zodiacal sign presided.

843   *jebuseo*   the Jebusites were long-standing enemies of the Israelites.

1009–22   The sonnet takes over from the simple *redondilla* verse to convey a
moment of crisis. Amón draws back from action in order to justify to self
and audience his premeditated rape. He builds up his argument from an
opening concession, 'amor consiste en semejanza'. The notion that like
attracted like was a commonplace: 'El amor a su semejante es afecto
natural, da salud y alegría, porque el hombre es animal sociable, quiere y
ama a su semejante' (J. de Aranda, *Lugares comunes...*, Madrid, 1613,
fol. 48ᵛ). From this principle, Amón proceeds to demolish any case
against the fulfilment of his desire, asserting a 'natural' law that cancels the

Jewish prohibition of incest. The second quartet refers to a Scriptural and ethical problem which any Biblical commentator had to tackle, the marriage of Cain. (E. W. Hesse explains this passage as a reference to the marriage of Adam and Eve. See *Hispania*, vol. XLVII, 1964, p. 273 *a*. As far as I know, Adam and Eve were never looked upon as brother and sister.) The orthodox explanation of Cain's marriage was that he had a sister unmentioned in Scripture, whom he married. The resolution of the moral issue lay in the fact that at this early stage of civilisation expediency had to prevail over moral law. In the final tercet, Amón seals his argument with the authority of popular philosophy, with a *refrán*: 'la sangre sin fuego hierve' (*Correas*, p. 262).

1041   *término*   used here with the sense of 'boundary'; Amon's journey towards death would be halted if Tamar cooked something for him.

1055   The first four lines of Eliazer's song are in the form of a *seguidilla*; the other lines, save the last, are six-syllable.

1075   A complicated play on the words *sal* and *sazonado*. As in English, *sal* can mean 'wit'; *sazonado*, 'seasoned', and also 'witty, pertinent'. Unless her brother's mood has changed, Tamar is without humour/her dish unseasoned.

JORNADA TERCERA

Stage direction   *empellón*   'Empujón recio que se da con el cuerpo para sacar de su lugar o asiento a una persona o cosa. A empellones...Con violencia, bruscamente' (*Diccionario de la Real Academia*).

4   *arpía*   'Fingieron los poetas ser unas aves monstruosas, con el rostro de doncellas y lo demás de aves de rapiña, crueles, sucias y asquerosas...Las arpías son símbolos de los usurpadores de haciendas ajenas, de los que arruinan y maltratan, de las rameras que despedazan un hombre, glote-ándole su hacienda y robándosela' (*Covarrubias*).

6   *basilisco*   'Una especie de serpiente, de la cual hace mención Plinio... Críase en los desiertos de Africa, tiene en la cabeza cierta crestilla con tres puntas en forma de diadema, y algunas manchas blancas sembradas por el cuerpo; no es mayor que un palmo, con su silbo ahuyenta las demás serpientes, y con su vista y resuello mata' (*Covarrubias*).

9   *aojar*   'to cast the evil eye'. 'Hacer mal de ojo, dañar a otro con la vista, por haber en ella infección, que se comunica por los rayos visuales, o por mirar con ahinco por causa de envidia, o admiración, y a veces de cariño' (*Autoridades*).

13   *Fruta de Sodoma*   the famous apples of Sodom (or Dead Sea Fruits), that were thought to contain the ashes of the city, although their skin

appeared attractive. On being plucked, they would dissolve into smoke and ashes. See Josephus, *Jewish War* (Loeb Classical Library), vol. III, bk. 4, viii, 4.

51 *tahur* an image taken from gambling; 'El que continúa mucho el juego, que si se repite tahur, tahur, dice hurtar, porque muchos de tahures dan en ladrones cuando no tienen qué jugar' (*Covarrubias*).

65 *en barato* another gaming image; 'dar barato, sacar los que juegan del monte común, o del suyo, para dar a los que sirven o asisten al juego' (*Covarrubias*); in effect, a tip for servants and bystanders after the conclusion of a game.

71 *mantenme juego, tirano* Tamar's gaming image continues.

73 'Alzar la mano de una cosa, no proceder adelante en ella' (*Covarrubias*).

75 'Ganar por la mano, adelantarse a otro' (*Covarrubias*).

89 *por ellas* i.e. 'por las calles'.

117 See note to Act II, line 356.

119 *pechar* 'Pecho vale cierto tributo que se da al rey...Pechar, pagar pecho' (*Covarrubias*).

130–5 See note to Act I, line 91.

135 *siclos* 'shekels'.

140 I cannot trace the origin of Absalón's aphorism, but it is probably his own falsification of the commonplace *exteriora indicunt interiora*, 'outer appearances tell you about the inner man'. Absalón may also refer to a well-known line from Virgil, 'gratior et pulchro veniens in corpore virtus', 'virtue shows more winsome in a fair form' (*Aeneid*, bk. v, line 344).

143 Again, Absalón alters a commonplace to suit his argument. The line harks back to a story told about the philosopher Diogenes; on seeing a man with a comely face and a depraved mind, Diogenes observed, 'A fine house, but an evil inmate'. Most commonplace books include this story.

149 This reference is obscure; none of Tirso's sources suggest that the priests were absolved from taking part in war. Even if this were the case, Absalón's observation is rather irrelevant. But then he is adept at making a false argument; his reference to the priesthood underlines *his* devotion to duty.

163 This line refers to 2 Samuel xii. 24: 'Y consoló David a Bersabé su mujer, y entrando a ella durmió con ella, y parió un hijo, y llamó su nombre Salomón, al que Jehova amó' (*Bear Bible*).

164 *el que* 'the fact that...'

177 This line refers to the Lion of Judah, son of Jacob and forefather of David. See Genesis xlix. 8–9.

208–14 Tamar puns on the word *sustancia*. It has a simple sense: 'el caldo o pista sustanciosa que se da al enfermo que no puede comer manjar sólido' (*Covarrubias*); and a philosophical sense, 'la entidad, o esencia, que subsiste, o existe por sí' (*Autoridades*). 'Accidente' is also used in its philosophical meaning, the quality that does not alter the substance of a thing; e.g. my substance, or essence, is man; that I am fair-haired is an accidental quality. Tamar's argument is witty rather than philosophical: just as the quality of an object can be determined by an accident, so her *caldo*, however perfect as such, lost its effect because Amón's soul yearned for satisfaction rather than his stomach. The *caldo*'s *provecho* was turned into Tamar's *agravio*.

253–5 A reference to how Abraham obeyed the Lord's command to slay his son Isaac. See Genesis ii.

263 Another reference to how David slew a lion.

266–7 Maacah, the daughter of King Talmai, was the mother of Absalom and Tamar. See 2 Samuel iii. 3 and 1 Chronicles iii. 1.

269 *baldón* 'palabra antigua castellana; vale denuesto o palabra afrentosa con que damos en rostro al que menospreciamos y tenemos en poco' (*Covarrubias*).

280–1 These lines depart from the verse pattern in a way frequently found in the *estribillo* of *romances*; the effect is to underscore Tamar's final appeal for retribution.

296 *le* refers to 'lugar'. The reading offered in Calderón's version of Act III may be preferred here:

> pues no se halla en la venganza
> medio que enmiende el error.

370–5 The reference is to David's seduction of Bathsheba and the murder of her husband Uriah. See 2 Samuel xi. Line 373 contains a reminiscence of Psalm li: 'The sacrifice acceptable to God is a broken spirit; a broken and contrite heart, O God, thou wilt not despise.' The image of a conflict between Justice and Mercy, found in line 374, gave rise to an allegorical theme throughout the Middle Ages; it came from Psalm lxxxv. 10: 'Mercy and Truth are met together; Righteousness and Peace have kissed each other.' For a discussion of the allegory and an interpretation of its effect on the English theatre, see Honor Matthews, *Character and Symbol in Shakespeare's Plays* (Cambridge, 1962).

414 The ensuing scene recalls a similar episode in Shakespeare's *Henry IV, Part 2*. Shakespeare's source was Holinshed's *Chronicle*, which Tirso certainly did not know. According to Louis Ginzberg, there was a Jewish

legend about the crown of David, told with particular reference to Adonijah (Adonías): 'That Adonijah was not designated for the royal dignity, was made manifest by the fact that the crown of David did not fit him. The crown had the remarkable peculiarity of always fitting the legitimate king of the house of David' (*The Legends of the Jews*, Philadelphia, 1913, vol. IV, p. 118). Possibly Tirso came across this tale and it suggested the scene in his play, but I have seen no Biblical commentary that mentions the tradition.

443 Absalom was a by-name for the son willing to commit patricide.

500 As he tries to gain the King's favour, Absalón unwittingly foretells his own death; he will rebel against his father and be killed when his long hair is caught up in the foliage of a cork-oak tree. See 2 Samuel xviii.

558 The song recalls the proverb 'ir por lana y volver trasquilado'. ('Cuando fue a ofender y volvió ofendido, y acomódase a cosas semejantes, cuando salen al revés de lo intentado.' *Correas*, p. 250.)

576 *Pelar* means 'to skin' in the sense of 'to rob'. Scribes do it too, writing with their broken pens (*pelo*: 'Brizna o raspilla, que desprendida en parte del cañón de la pluma de ave para escribir, impedía formar las letras limpiamente'—*Diccionario de la Real Academia*). There is a witty association between *pelar* (to rob) and the *pelo* on their pens.

580 There is a pun here; *vellón* means literally 'fleece', but it was also the name given to a debased copper coin. The meaning is that bailiffs empty your purse of its bits of fluff/farthings, and of its silver as well. Throughout the opening decades of the seventeenth century, copper coins were put into circulation in quantity, giving rise to frequent public protest. Tirso insinuates that worthless coppers are all that a purse contains nowadays.

613 *a la he* a rustic form of 'a la fe'.

614 *asadura* 'Lo interno del animal, como son el corazón, el hígado y livianos' (*Autoridades*).

617 *dimuño* 'demonio'.

633–4 *Acá* refers to the countryside, *allá* to the Court.

646 *muda* 'Cierta untura que las mujeres se ponen en la cara para quitar della las manchas' (*Covarrubias*).

647 *Miel virgen* 'Miel virgen llaman la que se ha destilado sin ser cocida' (*Covarrubias*). *Afeitar* is used in the sense of *poner afeites*. Honey was a common ingredient of cosmetics.

651–3 *solimán* a form of quicksilver. Tamar plays on the fact that both *solimán* and *rejalgar* (a white arsenic) were used in the removal of skin-blemishes. Having been poisoned with the desire for revenge, Tamar argues

143

that she has been turned into arsenic; the application of *solimán* would be of no avail. Again one notes Tamar's calculated use of language.

690 *manutisa* a variant form of 'minutisa'—'sweet william'.

706 *divinar* an old form of 'adivinar'.

708 *fitonisa* 'pythoness'. 'Phytonissa. La Sacerdotisa del templo de Apolo Délfico: la cual fingían los Gentiles que inspirada por el Dios, adivinaba lo futuro. Tómase regularmente esta voz por lo mismo que hechicera' (*Autoridades*).

728–9 This was a famous *estribillo*, found in a large number of Golden Age plays. For an extensive list, see E. M. Wilson and J. Sage, *Poesías líricas en las obras dramáticas de Calderón* (London, 1964), pp. 58–9. There is no saying who the 'ingenio singular' was.

733 *ajironar* 'to trim with braid'. There is metonymy here.

741 *compostura* 'El aseo, adorno y aliño de alguna cosa' (*Autoridades*).

757 *tema*, used, in the feminine, with the sense of 'obsession'.

767 *Amaltea* Zeus's nurse, who carried the 'horn of plenty' or 'cornucopia'. She was a common poetic symbol for abundance.

772–3 'Estar en muda. Frase que se dice por el hombre que calla demasiado en una conversación, con alusión a los pájaros que no cantan cuando están en muda [*moulting*]' (*Autoridades*). In the next line Amón alters the meaning to that of 'face-lotion' (see note to Act III, line 646); when used with this sense the word usually appears in the plural. Laureta's reply signifies that in the country care is taken over honour, not over the skin. The rapid changes of meaning from the literal one at line 771 are simply achieved, yet subtle.

781 Throughout this scene, Tirso employs the symbolism of flowers. The lily symbolised chastity and reputation: 'Es la azucena símbolo de la castidad por su blancura, y de la buena fama por su olor' (*Covarrubias*). Laureta's warning that the lily is not to be touched is related to the emblem of the broken lily, a sign of lost chastity. See Sebastián de Covarrubias, *Emblemas morales* (Madrid, 1610), B 1ᵛ.

799 *espuela de caballero* 'larkspur'. The symbolic value is self-explanatory. Tirso attributes a similar value to this flower in *La fingida Arcadia*, Blanca, vol. II, p. 1404*a*.

803 Laureta's warning foretells the fate that befalls Adonías as told in I Kings ii: Adonijah tried to claim the throne when the aged David decided that Solomon was to be his successor. When his claim failed, he requested from Solomon the hand of Abishag, the maiden who had warmed David in his old age. Solomon interpreted this as another attempt by his brother to usurp the throne, and had him slain.

816 *flores* used here with the sense of 'witty, idle talk'. 'Y flores todas las razones agudas que deleitan y alegran. Irse todo en flores, no haber cosa de sustancia' (*Covarrubias*). Laureta foretells Solomon's love for 'foreign women' in his old age, and his apostasy in favour of their gods. See 1 Kings xi.

860 Amón resumes the card-playing imagery that Tamar had previously employed. *Fullero*: 'El jugador de naipes o dados que, con mal término y conocida ventaja, gana a los que con él juegan, conociendo las cartas, haciendo pandillas, jugando con naipes y dados falsos' (*Covarrubias*).

882 *floreo* a fencing term, the flourish that begins or ends a bout. But metaphorically *floreo* means 'smooth, ingratiating talk': 'llaman floreo la abundancia de palabras en el orador, cuando no aprietan y tan sólo atiende a tener benévolos y atentos los oyentes' (*Covarrubias*).

910 The shepherds' song belongs to the same ancient tradition as 'Pajarico que vas a la fuente' in Act I, the *versos de gaita gallega*. This particular kind of song is usually known as a *canción de segadores*, because of its country theme. See Angel López, *El cancionero popular en el teatro de Tirso de Molina* (Madrid, 1958), p. 34.

914–16 As the shepherds decorate the princes' pavilion, they unwittingly choose trees and flowers with symbolic associations. The black poplar recalls death: 'Cerca de los antiguos en cierta manera el álamo era tenido por árbol infeliz, por cuanto se cuenta entre los infructuosos. Y así cerca de los rodios se coronaban de sus ramos los mancebos que celebraban los juegos fúnebres' (*Covarrubias*). The cinnamon arouses the idea of beauty (Song of Songs iv. 14). The cedar, while frequently used to express strength and beauty, was also associated with unbending pride. The palm symbolised justice: 'símbolo de la justicia por el equilibrio de sus hojas, y de la fortaleza por la constancia de sus ramos...' (Saavedro Fajardo, *Idea de un príncipe político-cristiano*, ed. Madrid, 1946, p. 182). That is, all the goodness that Absalón should personify is overshadowed by the death image of the black poplar.

925–6 The shepherds strew sombre branches on Amón's pavilion. The cypress signified sorrow, vanity and sterility: 'es vana aquella hermosura, sin virtud que la adorne; antes en nacer es tardo; en su fruto, vano; en sus hojas, amargo; en su olor, violento, y en su sombra, pesado' (Fajardo, *Idea de un príncipe, ed. cit.* p. 182).

Taray 'tamarisk'.

945 *Oste puto* more commonly *oxte puto*. 'interj. Aparta, no te acerques, quítate. Usase de esta voz con alguna vehemencia, y muy comunmente

cuando tomamos en las manos alguna cosa que está muy caliente, o la probamos; y es frecuente decir oxte puto' (*Autoridades*).

952 *cholla* a rustic word for 'cabeza'.

963–4 See 2 Samuel iii. 3.

965 This refers to Maacah. Save that she was the daughter of Talmai, King of Gessur, Scripture tells us little about her. It is difficult to see any sense in this line other than that Tamar's disgrace is shared by her mother. Perhaps Tirso confused Absalom's mother with another Maacah, the queen mother who worshipped an idol in a wood and as a punishment was deprived of her status. See 1 Kings xv. 13.

1065 A reference to Genesis xxxvii. 33.

APPENDIX

SOURCE

[2 Samuel (the second Book of Kings), chapter xiii.]

1 Después de esto aconteció, que Absalom hijo de David tenía una hermana hermosa que se llamaba Thamar, de la cual se enamoró Amnón hijo de David. 2 Y Amnón fue angustiado, hasta enfermar por Thamar su hermana; porque por ser ella virgen, parecía a Amnón que sería cosa dificultosa hacerle algo. 3 Y Amnón tenía un amigo, que se llamaba Jonadab hijo de Semmaa hermano de David, y Jonadab era hombre muy astuto. 4 Y éste le dijo: Hijo del Rey, ¿qué es la causa que a las mañanas estás ansí flaco? ¿No me lo descubrirás a mí? Y Amnón le respondió: Yo amo a Thamar la hermana de mi hermano Absalom. 5 Y Jonadab le dijo: Acuéstate en tu cama, y finge que estás enfermo; y cuando tu padre viniere a visitarte, dile: Ruégote que venga mi hermana Thamar, para que me conforte con alguna comida, y haga delante de mí alguna vianda, para que viéndola coma de su mano. 6 Y Amnón se acostó, y fingió que estaba enfermo, y vino el Rey a visitarlo; y Amnón dijo al Rey: Yo te ruego que venga mi hermana Thamar, y haga delante de mí dos hojuelas que coma yo de su mano. 7 Y David envió a Thamar a su casa diciendo: Ve luego a casa de Amnón tu hermano, y hazle de comer. 8 Entonces Thamar fue a casa de su hermano Amnón, el cual estaba acostado; y tomó harina, y amasó, y hizo hojuelas delante de él, y aderezó las hojuelas. 9 Y tomando la sartén sacólas delante de él; mas él no quiso comer. Y dijo Amnón; Echad fuera de aquí a todos. Y todos se salieron de allí. 10 Entonces Amnón dijo a Thamar: Trae la comida a la recámara, para que yo coma de tu mano. Y tomando Thamar las hojuelas que había cocido, llevólas a su hermano Amnón en la recámara. 11 Y como ella se las puso delante para que comiese, él trabó de ella diciéndole: Ven hermana mía, duerme conmigo. 12 Ella entonces respondió: No hermano mío, no me hagas fuerza; porque no se hace así en Israel. No hagas tal locura. 13 ¿Porque dónde iría yo con mi deshonra? Y aun tú serías estimado como uno de los locos de Israel. Yo te ruego que hables al Rey, que no me negará a ti. 14 Mas él no la quiso oír, antes pudiendo más que ella, la forzó, y durmió con ella. 15 Y aborrecióla Amnón de tan grande aborrecimiento, que el odio con que la aborreció después fue mayor que el amor con que la había amado. Y díjole Amnón: Levántate, y vete. 16 Y ella le respondió: no es

147

razón. Mayor mal es éste de echarme, que el que me has hecho. Mas él no la quiso oír. 17 Antes llamando su criado, que le servía, díjole: Echame ésta allá fuera, y cierra la puerta tras ella. 18 Y ella tenía una ropa de colores sobre sí, (que las hijas vírgines de los Reyes vestían de aquellas ropas) y su criado la echó fuera, y cerró la puerta tras ella. 19 Y Thamar tomó ceniza, y esparcióla sobre su cabeza, y rompió la ropa de colores de que estaba vestida; y puestas sus manos sobre su cabeza fuese gritando. 20 Y díjole su hermano Absalom: ¿Ha estado contigo tu hermano Amnón? Calla pues aora hermana mía; tu hermano es; no pongas tu corazón en este negocio. Y Thamar se quedó desconsolada en casa de su hermano Absalom. 21 Y el rey David oyendo todo esto, fue muy enojado.

22 Mas Absalom no habló, ni malo ni bueno con Amnón, porque Absalom aborrecía a Amnón, porque había forzado a su hermana Thamar. 23 Y aconteció pasados dos años de tiempo, aconteció que Absalom tenía tresquiladores en Baal-hasor, que es junto a Ephraim. Y combidó Absalom a todos los hijos del Rey. 24 Y vino Absalom al Rey, y díjole: He aquí, tu siervo tiene aora tresquiladores; Yo ruego que venga el Rey y sus siervos con tu siervo. 25 Y respondió el Rey a Absalom: No hijo mío, no vamos todos, porque no te hagamos costa. Y porfió con él, y no quiso venir, mas bendíjolo. 26 Entonces dijo Absalom: Si no, ruégote que venga con nosotros Amnón mi hermano. Y el Rey le respondió: ¿Para qué ha de ir contigo? 27 Y como Amnón le importunase, dejó ir con él a Amnón, y a todos los hijos del Rey. 28 Y había mandado Absalom a sus criados diciendo: Yo os ruego que miréis, cuando el corazón de Amnón estará alegre del vino, y cuando yo os dijere, 'Herid a Amnón', entonces mataldo; y no tengáis temor, que yo os lo he mandado. Esforzáos pues, y sed hombres valientes. 29 Y los criados de Absalom lo hicieron con Amnón como Absalom se lo había mandado, y levantándose todos los hijos del Rey subieron todos en sus mulas, y huyeron. 30 Y estando aun ellos en el camino, la fama llegó a David, diciendo: Absalom ha muerto a todos los hijos del Rey, que ninguno ha quedado de ellos. 31 Entonces David levantándose rompió sus vestidos, y echóse en tierra; y todos sus siervos estaban rotos sus vestidos. 32 Y respondió Jonadab el hijo de Samma hermano de David, y dijo: No diga mi señor que han muerto a todos los mozos hijos del Rey, que sólo Amnón es muerto, que en la boca de Absalom estaba puesto desde el día que Amnón forzó a Thamar su hermana. 33 Por tanto aora no ponga mi señor el Rey en su corazón tal palabra, diciendo: Todos los hijos del Rey son muertos, que sólo Amnón es muerto. 34 Y Absalom huyó. Y alzando sus ojos el mozo que estaba en atalaya, miró, y he aquí mucho pueblo que venía a sus espaldas por el camino de hacia el monte. 35 Y dijo Jonadab al Rey: He allí los hijos del

Rey que vienen, porque ansí es como tu siervo ha dicho. 36 Y como él acabó de hablar, he aquí los hijos del Rey que vinieron, y alzando su voz, lloraron de muy gran llanto. 37 Mas Absalom huyó, y fuese a Tholmai hijo de Amiud rey de Gessur. Y David lloró por su hijo todos los días.

(From Casiodoro de Reina's translation of the Bible, published in 1569, re-issued 1622. The translation is commonly referred to as *The Bear Bible*. Spelling has been slightly altered.)

A SELECTED BIBLIOGRAPHY

(There is an extensive bibliography in the Centenary Issue of the Mercedarian *Revisa Estudios—Tirso de Molina. Ensayos sobre la biografía y la obra del Padre Maestro Fray Gabriel Téllez, por Revista Estudios* (Madrid, 1949); the following list offers examples from past and present criticism, and works of more general interest.)

EDITIONS AND BIOGRAPHICAL STUDIES

Comedias de Tirso de Molina, ed. E. Cotarelo y Mori, in the Nueva Biblioteca de Autores Españoles, vols. 4 and 9 (Madrid, 1906–7); Tomo I has a biographical study that is still useful, and Tomo II a handy check-list of plays. M. Menéndez y Pelayo's review of Cotarelo's research is not without interest; see 'El teatro de Tirso de Molina' in *Estudios de crítica histórica y literaria* (ed. Buenos Aires, 1944), vol. III, pp. 47–81.

Obras dramáticas completas, ed. Da. Blanca de los Ríos de Lampérez, 3 vols. Madrid, 1946, 1952, 1958.

Cioranescu, A. 'La biographie de Tirso de Molina', *Bulletin Hispanique*, vol. LXIV (1962), pp. 157–89.

Paterson, A. K. G. 'Tirso de Molina: two bibliographical studies', *Hispanic Review*, vol. XXXV (1967), pp. 43–68.

STUDIES AND BACKGROUND

Hesse, E. W. 'The Incest Motif in Tirso's *La venganza de Tamar*', *Hispania*, vol. XLVII (1964), pp. 268–76.

Hamilton, B. *Political Thought in Sixteenth-Century Spain*. Oxford, 1963.

Kennedy, R. L. '*La prudencia en la mujer* and the Ambient that Brought it Forth', *Publications of the Modern Languages Association*, vol. LXIII (1948), pp. 1133–89.

May, T. E. '*El condenado por desconfiado*', *Bulletin of Hispanic Studies*, vol. XXXV (1958), pp. 138–56.

McClelland, I. L. *Tirso de Molina. Studies in Dramatic Realism*. Liverpool, 1958.

Menéndez y Pelayo, M. 'Las poéticas. Siglos XVI y XVII' in *Historia de las ideas estéticas en España* (ed. Buenos Aires, 1943), vol. II, ch. 10.

Shergold, N. D. *A History of the Spanish Stage*. Oxford, 1967.